JN184271

みんなのスポーツ
ライフを応援

アス飯
レシピ

～アスリートの体をつくる、
おうちごはん～

山瀬理恵子

はじめに

京都新聞さんから1通の手紙が届いたのは２０１４年2月。突然の出来事に、何かの手違いではないかと頭が真っ白になったことを昨日のように思い出します。そこには、スポーツをしている子どもたちは自宅で何を食べ、保護者はどうやって美味しく栄養のあるものを作ればよいのか。スポーツ選手を支える奥さんは、どんな料理と言葉で食卓を飾っているのか。このようなことを生身の言葉で表現することは、未来のスポーツ界を担う子どもたちにとって素晴らしい影響を与えるのでは、という熱い想いが綴られていました。スポーツ栄養に配慮したレシピの連載をしてほしいとのオファーを受け、身の丈に合わない役目であることは重々承知でしたが、清水の舞台から飛び降りる覚悟と、読者の皆様の胸をお借りする気持ちでお引き受けさせていただいたのが「アス飯」の始まりです。

私が真の意味で食の重要性を痛感したのは、夫の山瀬功治が2度目の前十字靭帯を断裂した時でした。当時所属していた浦和レッズ専属管理栄養士だった川端理香先生にご指導いただき、何時間もかけて作り上げた手術後の回復食を、毎日病院へ運ぶ日々。「山瀬はきっともうダメだ」。胸をしめつける言葉もささやかれる中、ただ1人、再びピッチで活躍することを私に明言していた夫。その志に突き動かされるようにして栄養食の勉学に励み、無心で食事を作り続けました。

言葉通り夫は復活を果たし、その後日本代表にも選出。現在プロ生活18年目を迎えました。すべてが奇跡のように思えますが、きれい事ばかりではありませんでした。度重なる試練で私も落ち込み、しばしば投げかけられる「あのケガさえなければもっと上にいけたのでは」との言葉に苦しんだこともあります。

しかし、今なら胸を張って言えます。あのケガがあったからこそ、食の大切さを伝えられているのです。あきらめず、苦しい時期を何度も乗り越えられたからこそ、人を、ものを、時間を大切にできるようになりました。ケガのおかげで、かけがえのないたくさんのことに気づくことができたのです。毎朝、太陽が昇ってきてくれることに感動し、命があることに感謝しています。食べ物には、口に運ばれるまで、数えきれない人の努力や想いがのっています。私たち人間は、作物によって生かされています。世の中には星の数ほどの食事法があふれていますが、食材同士の良さを生かしながら栄養を鎖のようにつなげていくアスリート食は、どなたにも適した地に足のついた健康食と言えます。手探りで始めた連載ですが、レシピ、栄養説明、コラム、料理写真のすべてを私が担当させていただきました。不格好な面も多々あった中、京都新聞さんや、京都新聞読者の皆様に温かく支えられ、育んでいただいた連載3年間の成果がこの書籍です。「山瀬理恵子のアス飯」が、皆様の輝く未来をつくる一助になれば幸いです。

目次

《秋と冬のレシピ》

本書のレシピについて

【分量のこと】
・1カップ…200ccのことです。
・大さじ…15ccのことです。
・小さじ…5ccのことです。

【下ごしらえのこと】（特に記載のない場合）
・野菜や果物…皮、根、種、ヘタは取り除いています。
　※おくらはガクを取り除き、板ずりをして、さっと水洗いしています。
　※きのこ類は土や汚れを落とし、石づきを切り落としています。
　※梅干しは種を取り除いています。

【調味料のこと】（特に記載のない場合）
・しょう油…こい口しょう油を使っています。
・砂糖…きび砂糖を使っています。
・油…オリーブ油を使っています。

【だし汁のこと】
・昆布とかつお節のだしを使っています。

【調理道具のこと】
・フライパンはテフロン加工のものを使っています。

毎日のごはんではじめる、体づくり

「アス飯」のススメ。

食事から必要な栄養素を

食べ物にはさまざまな栄養素が含まれています。「炭水化物」、「脂質」、「たんぱく質」、「ビタミン」、「ミネラル」が五大栄養素。スタミナや免疫力アップを担う、私たちの日常生活に欠かせないものです。特に、激しいトレーニングでエネルギーを消耗しやすいアスリートや運動習慣のある人は、ここに「食物繊維」や「水分」も加え、バランスよく栄養を摂取することが大切。毎日の食事の積み重ねが、スポーツシーンでの活躍はもちろん、ケガの予防やダメージの回復などにも大いに役立ってくるのです。

〈 主に含まれる食品 〉

- ご飯、パン、麺類など
- 油、ナッツ類など
- 肉、魚、卵、大豆製品など
- 野菜、果物など
- 海藻、乳製品など
- きのこなど
- 水、お茶、スポーツドリンクなど

アス飯レシピとは…

「摂りたい栄養素から食材を選んでいます」
「栄養価の高い食材を組み合わせています」
「現役アスリートが食事に取り入れています」

我が家では必ず、料理の作り手である私とアスリートである夫がコミュニケーションを密にとり、「今、体には何が必要か」を一緒に考えて、献立を決めるようにしています。毎回、夫自身が体と向き合うことからはじめ、夏バテ予防や疲労回復など、現在に見合ったテーマを挙げていきます。私はそれをもとに、摂りたい栄養素側から食材を選び、そこに栄養素の吸収率をアップさせる食材をどんどんつないでいきます。これがレシピの軸。材料には、旬の野菜をはじめ、栄養価の高いすりごまやにんにく、最近注目の栄養素（オメガ3脂肪酸など）も取り入れるようにしています。

調理法も、食材の栄養価や特性を生かすように工夫をしますが、何より大切にしているのは、香りや彩りなど五感すべてで味わえる料理に仕上げること。誰にとっても、食事は喜びのツール。栄養価のあるものを、美味しく楽しくいただいてこそ、体に届くのです。

身近な食材で、できるだけ簡単に、栄養をありがたくいただくことに視点をおき、現役アスリートの体をつくってきた家庭料理、それが「アス飯」です。

〈 主な栄養素の効能やはたらき 〉

スタミナ	エネルギー源、持久力アップ、腹持ちが良い、パワーアップ
脳の活性化	集中力アップ、学習機能の向上
体づくり	血液や骨など体の組織をつくる、貧血予防、筋力トレーニングの補助、関節強化
回復力	疲労やケガからの回復、痛み軽減、炎症の鎮静、筋肉のダメージケア
体調を整える	血行促進、代謝アップ、食欲増進、腸内環境の調整、消化促進
免疫力	風邪予防、抗酸化作用、若さキープ
リラックス	ストレス撃退、安眠作用、イライラ解消、精神安定

〈 栄養素など 〉

- 炭水化物
- 脂質
- たんぱく質
- ビタミン
- ミネラル
- 食物繊維
- 水分

【本書のレシピページについて】

栄養ポイント

料理ごとに栄養面を解説。アスリートの参考例も盛り込みながら、食材の効果的な組み合わせなどについても記載しています。

主な効能

食材の栄養素やその組み合わせから期待できる効能を、ひと目で分かるように記載。体調などに合わせた食事作りに活用できます。

（※効能は上図参照）

アス飯メニューの材料と作り方

栄養価を意識し、できるだけ旬の素材を組み合わせたレシピです。分量や手順は、再現しやすいようにシンプルにまとめています。

補足コラム

料理や食材に関連する補足情報を記載。アレンジメニューやおすすめの食べ方、山瀬家での食生活の工夫なども紹介しています。

春と夏のレシピ

Spring & Summer Recipes

香味野菜とキムチのスペシャル豚どんぶり

夫が日本代表時代の勝負飯は「豚キムチ丼」。緊張などで食欲の落ちやすい試合前夜でもしっかり食べることができ、本番での活躍にもひと役かった印象の強いメニューです。この「豚キムチ丼」に、抗酸化作用のあるトマトや、カルシウムが豊富なチーズ、すりごまを加えてパワーアップさせました。丼ものはエネルギー源となる炭水化物を摂取しやすく、豚モモ肉は、エネルギーを効率よく使うために欠かせない、ビタミンB1が豊富。キムチやトマトに含まれるクエン酸も、糖質の吸収を早める効果があります。高校の調理実習レシピに採用され、「簡単で、これならできる！」と、生徒さんにも人気のあったどんぶりです。

— スタミナ — 回復力 — 体調を整える —

試合前の食事は消化に時間のかかる脂質を控えます。豚のバラ肉などではなく、ビタミンB1も豊富で脂質の低い豚モモ肉や豚ヒレ肉を使用するのがおすすめです。

【材料】2人分
ご飯　茶わん2杯分
豚モモ肉　100g
トマト　1個
玉ネギ　1/2個
キムチ　50g
にんにく、しょうが　各1片
とろけるスライスチーズ　1枚
すりごま　大さじ1
油、塩　適量
かいわれ大根　適宜

1　フライパンに油を熱し、みじん切りにしたにんにくとしょうが、スライスした玉ネギを入れ、香りが立ってきたら一口大に切った豚肉を加え、色が変わるまで炒める。

2　1にキムチ、ざく切りにしたトマトを加えてさっと炒め、小さくちぎったチーズ、適量の塩で味を調え火を止める。

3　器にご飯をよそい、2をたっぷりのせる。すりごまをふり、かいわれ大根を添える。

手羽先と野菜のトマトジュース煮込み

夫はこれまで4度の手術を経験しました（２００２年の右膝前十字靭帯《じんたい》断裂、２００３年の右膝半月板損傷、２００４年の左膝前十字靭帯断裂、２００６年の椎間板ヘルニア）。術後、必ず作り続けた回復食に、大量の骨つき肉をしょうがやネギ、にんにくと一緒に煮込んだ「コラーゲンスープ」があります。みそ汁やカレーなどのベースにして、毎食欠かさず摂っていました。このスープを、身近な野菜を使っておかず風にアレンジ。リコピンが豊富に含まれているトマトジュースを加えることで、ほどよい酸味と栄養価もプラスしました。さまざまな素材を味わえて糖質も一緒に補給できる満足感のある一品です。

【材料】2人分
手羽先　4本
じゃがいも　1個
にんじん　1/2本
玉ネギ　1/2個
にら　1/3束
にんにく　1片
油、塩　適量

◎煮汁
水　400cc
トマトジュース　200cc
オイスターソース、しょう油、酢　各小さじ2

1　フライパンに油、みじん切りにしたにんにくを入れ、手羽先を焼き色がつくまで炒める。

2　1にさいの目切りにした玉ネギ、じゃがいも、にんじんを入れて炒め、油がなじんだら、煮汁の材料を入れて中火で煮込む。

3　2の汁気がなくなりそうになったら、3cm幅に切ったにらを加えてざっくりと混ぜ、塩で味を調えて火を止める。

お餅入り肉巻きおにぎり

試合前に必要な炭水化物をたっぷり摂取できる、夫も大好物の肉巻きおにぎりです。白米や餅はすぐにエネルギーになる糖質を多く含み、鮭や豚肉は糖質がエネルギーに分解されるのを助けてくれるビタミンB群が豊富。すりごま、青のり、かつお節は、お手軽ながら栄養価が抜群に高い素材です。我が家では、試合当日の朝食にもよく登場します。

— スタミナ — 回復力 — 体調を整える —

【材料】1人分
ご飯　茶わん大盛り1杯分
豚モモ薄切り肉　8枚
塩鮭（焼いたもの）　1切れ
切り餅（固いまま10等分に刻む）　1個
青のり、すりごま　各小さじ1
かつお節　小1袋（2.5g）
油　適量

◎合わせ調味料
しょう油、みりん、砂糖　各小さじ1

1　耐熱皿にご飯と刻んだ餅を入れて混ぜ、電子レンジで餅が柔らかくなるまで1分ほど加熱する。

2　1に手でほぐした焼き塩鮭、青のり、すりごま、かつお節を混ぜ合わせ、俵おにぎりを4つ作る。おにぎり1つに対し、豚肉2枚を縦と横に巻き付けて、ご飯をすっぽりと包む。

3　フライパンに油を熱して全面を焼き、合わせ調味料と絡めて火を止める。熱々のうちにいただくのがおすすめ。

じゃがいもとアサリの安眠スープ

骨や筋肉が成長するために必要なホルモンは寝ている間に多く分泌され、体の組織を再生します。しかし、心身を酷使するアスリートの夫は、試合が終わってからも交感神経が優位な状態が続き、なかなか寝付けません。そんな時に頼りになるのが安眠効果のある食材。牛乳などの乳製品はトリプトファンを含み、神経の興奮や緊張を和らげる作用があります。アサリのビタミンB12は、末梢神経を正常に機能させる働きが。じゃがいものビタミンCはストレス対策に役立ちます。これらを、気持ちもほっと和むようなスープに仕立てました。アサリの旨味が染みたやさしい味わいに、新聞連載時からファンが多いメニューです。

【材料】2人分
じゃがいも　2個
アサリ（砂抜きをする）　100g
キャベツ　1/4個
にんにく　1片
牛乳　400cc
水　200cc
油、塩、こしょう　適量

1　鍋に油、みじん切りにしたにんにくを入れ火にかける。香りが立ってきたらさいの目に切ったじゃがいもを入れ、柔らかくなるまで炒める。

2　1にアサリと一口大に切ったキャベツを入れ、アサリの口が開いたら牛乳、水を加え、沸騰する直前に弱火にして3分ほど煮る。最後に塩、こしょうで味を調える。

枝豆ごろごろ焼きじゃがめんたい

このレシピは、「地産地消、医食同源の精神に基づき、お客様の命を預かる覚悟で調理場に立つ」と話す、京都のおばんざい料理屋「つむぎ」のご店主と一緒に考案したものです。じゃがいもの炭水化物にはすぐにエネルギー源になる糖質が多く含まれます。試合前のプレッシャーやストレスで失われがちなビタミンCも豊富で、めんたいこに含まれるビタミンEと組み合わせると、ダブルの抗酸化作用が。糖質がエネルギーに分解されるのを手助けする枝豆もたっぷりと加えています。彩りもよく、冷めても美味しくいただけるので、お弁当にもおすすめです。

─ スタミナ ─ 回復力 ─ 免疫力 ─ 脳の活性化 ─

【材料】2人分
新じゃがいも　2個
卵　1個
辛子めんたいこ　1腹
枝豆　1カップ
片栗粉　大さじ1
干し桜エビ　適量
油、塩、こしょう　適宜

1　じゃがいもはゆでて軽くつぶし、熱いうちにめんたいこと絡め、お好みで塩、こしょうをふる。塩ゆでしてさやから外した枝豆を加えて混ぜておく。

2　ボウルに1と溶き卵、片栗粉、干し桜エビを加えて混ぜ合わせ、小判型のだんごを6個作り、油で両面を焼く。

手羽先とごぼうの酸っぱパワー煮

夫は12歳の時、単身ブラジルへサッカー留学しました。地球の裏側の誰も知らない土地。食べ物にも大きな変化があったそうです。ブラジルの家庭料理には、ごはんに豆のスープをかける「フェジョン」があり、「自然と栄養価の高い豆料理に親しむ環境にあった」と夫。また、ごはんに酢をかけて食べることもよくしていたとか。「知らず知らずのうちに、豆や酢のパワーをいただくことができていたんだなあ」と、当時を懐かしく振り返っています。このメニューは、豆腐や酢をたっぷり使った煮物。手早く作れて、ご飯にもよく合います。骨付き肉を酢に入れて煮込むと、酢酸の作用で通常より多くのカルシウムが摂取できます。

【材料】2人分
手羽先　6本
木綿豆腐　半丁
にんにく　2片
ごぼう　1本
すりごま　大さじ1
ごま油、三つ葉、片栗粉　適量

◎煮汁
水　200cc
黒酢、しょう油　各100cc
はちみつ、みりん　各大さじ2

1　フライパンでスライスしたにんにくをごま油で炒め、香りが立ってきたら斜め細切りにしたごぼう、片栗粉をまぶした手羽先を入れ、焼き色がつくまでしっかり炒める。

2　1に煮汁の材料を加え、弱火で15分煮る。食べやすい大きさに切った木綿豆腐を加え、3分ほど煮たら火を止める。器に盛ってすりごまをふり、長さ3cmに切った三つ葉を添える。

手羽元と春キャベツの黒酢煮

— 体づくり — 回復力 — 免疫力 — リラックス —

酢には様々な種類がありますが、栄養素が少しずつ異なるため目的により使い分けることが大切です。黒酢は、酢酸やクエン酸を含むだけでなく、ビタミン、ミネラルがたっぷりで、アミノ酸の含有量が多いことが特徴。エネルギーの生産を促し、筋力アップや脂肪の燃焼、心身の疲労回復に役立ちます。鶏の手羽元はコラーゲンが豊富。酢と煮込むことでより多く摂取することができます。また、酢には肉を柔らかくし、精神安定に欠かせないカルシウムの吸収率をアップさせる効果が。春キャベツに含まれるビタミンCの働きをサポートする力もあります。

【材料】2人分
手羽元　6本
新玉ネギ　1/2個
にんにく、しょうが　各1片
春キャベツ　2枚

◎煮汁
水　200cc
黒酢　100cc
砂糖、オイスターソース　各大さじ2
みりん　大さじ3

1　鍋に煮汁の材料、つぶしたにんにく、小さく切ったしょうがを入れて火にかける。沸騰したら手羽元が柔らかくなるまで弱火で煮る。

2　1に手でちぎった春キャベツ、一口大に切った新玉ネギを加え、さっと火を通したらできあがり。

こんがりおにぎりの野菜スープ仕立て

我が家の食卓に必ず登場するメニュー、それは汁物。具材をたくさん入れられるだけでなく、汗で流れ出る水分補給にも役立ちます。このレシピは、勝負前に必要となるエネルギー源のおにぎりを、野菜をふんだんに使ったスープに浸すことで食べやすくしました。トマトに含まれるカリウムはエネルギー代謝をスムーズにする働きがあり、新玉ネギや春キャベツは、旬の時期に積極的にいただきたい力のある食材。「試合前に必要な栄養素を一皿でいただける」と、新聞連載時もご好評をいただいた一品です。

【材料】2人分
◎こんがりおにぎり
ご飯　茶わん2杯分
とろけるスライスチーズ　2枚
塩、こしょう　適量

◎旬野菜スープ
トマト　1個
新玉ネギ　1/2個
にんじん　1/2本
春キャベツ　1/4個
にんにく　1片
油、塩、こしょう、水　適量

1　油をひいた鍋に、にんにくのみじん切りを入れて熱し、香りが立ってきたら2cm角に切ったトマト、新玉ネギ、春キャベツ、にんじんを入れて炒める。

2　野菜がしんなりしたら、全体がかぶるくらいの水を入れて野菜が柔らかくなるまで煮込み、塩、こしょうで味を調える。

3　2を煮込んでいる間に、温かいご飯にちぎったとろけるスライスチーズを混ぜ込み、塩、こしょうで味を調える。おにぎりを4個作り、魚焼きグリルで両面をこんがり焼く。

4　3を器に盛り、2のスープをかける。

菜の花とレバーの甘辛しょうが煮

― スタミナ ―

何だか力が出ない、フラフラの時に隠れているかもしれない鉄不足。鉄は酸素の運搬に必要な血中ヘモグロビンの材料です。激しい運動で大量にかく汗や、競技中のプレーでも消耗しやすく、不足すると持久力の低下につながります。菜の花は鉄分が豊富。植物性鉄分（非ヘム鉄）は、体内への吸収率が悪いことがネックですが、菜の花には非ヘム鉄の吸収を助けるビタミンCも豊富に含まれています。さらに、動物性鉄分（ヘム鉄）を含むレバーと組み合わせることで、より吸収力アップが期待できます。

食事管理を徹底している代表チームでも、以前、血液検査で多くの選手に鉄不足の数値が出たことがあり、夫もそのうちの１人でした。平地では問題のない値ですが、標高の高い場所では、特に消耗が早くなるのだとか。鉄はこれほどまでに不足しやすく、意識して摂取していきたい栄養素です。

【材料】4人分
鶏レバー　200g
菜の花　50g
乾燥ひじき（水で戻す）　10g
にんにくの芽　50g
しょうが　1片
ごま油、塩　適量

◎合わせ調味料
しょう油　大さじ1と1/2
酒、牛乳、はちみつ　各大さじ1

1　鶏レバーは塩でもみ、水洗いして食べやすい大きさに切る。

2　鍋にごま油、しょうがのせん切り、長さ1cmに切ったにんにくの芽を熱し、香りが立ってきたら1、ひじき、合わせ調味料を入れて弱火で煮る。汁気がなくなりそうになったら菜の花を加え、強火にして1分ほど炒める。

魚介とオレンジの爽やか蒸し

— 体づくり — 回復力 — 免疫力 — リラックス —

春の訪れを知らせる真鯛は、桜のように美しいことから「桜鯛」や「花見鯛」と呼ばれます。高たんぱく低カロリーで、滋養強壮のタウリンを含み、ＥＰＡやＤＨＡといったオメガ3脂肪酸も豊富。魚介類はハーブやかんきつ類との相性が良く、ここに疲労回復効果のあるアスパラガスの黄緑色、免疫力をアップさせるトマトの赤色が加わると、見た目も香りも一気に華やかになります。我が家ではローズマリーやバジルなどのハーブを自宅で栽培しています。栄養価や抗酸化作用が高いだけでなく、爽やかな香りに心身のリフレッシュ効果が。スポーツシーンにおける抜群のサポート食材になってくれます。

野菜、果物、ハーブ（薬草）スパイスは大きく捉えると、全て人間の役に立つ植物と言えます。人間（動物）はエネルギー源である食物を食べなければ生きていけないことに対し、植物は光合成によって自ら栄養素を作り出します。植物はその場に生えていて逃げられないことで、外敵から身を守るために多様な栄養分を蓄えています。だからこそ、野菜や果物を食べることで、とてつもないパワー（植物化学成分）もいただくことができるのです。

【材料】2人分
真鯛　2切れ
アサリ（砂抜きをする）100g
アスパラガス　2本
ミニトマト　5個
にんにく　1片
白ワイン　50cc
オレンジの輪切り　4枚
お好きなハーブ（バジル、タイム、ローズマリーなど）1枝
油、塩、こしょう　適量

1　真鯛は塩、こしょうで下味をつける。フライパンに油、にんにくのみじん切りを入れて火にかけた後、真鯛を入れてしっかりと火を通す。

2　1に、半分に切ったミニトマト、斜め薄切りにしたアスパラガス、輪切りにしたオレンジ、アサリ、白ワインを入れて強火にし、好みのハーブを加えてふたをする。3分ほど蒸してアサリの口が開いたらできあがり。

フルーツと木の実のココナッツオイル焼き

ココナッツオイルは注目の健康オイル。主となる中鎖脂肪酸は、効率よく脳や筋肉のエネルギーになってくれます。脂肪が体に蓄積されにくいのが特徴で、運動前摂取で持久力を高めるといった研究報告も。そこで、ココナッツオイルを手軽に使えるデザートメニューを考えました。りんごは優れた抗酸化作用（りんごポリフェノール）とクエン酸効果で、疲労の軽減をサポートしてくれる食材。バナナと共に焼くことで整腸作用が増し、甘さがぐんとアップ。ココナッツの風味とよく合います。ここに、クルミやベリーを加えることで、さらなる栄養補給を。パンケーキやヨーグルトに添えても美味しい一品で、香りがちょっぴり苦手な夫にも好評です。

— 脳の活性化 — 回復力 — 体調を整える — 免疫力 —

ココナツオイルは、免疫力アップ、心臓強化、脳の活性化、抗菌、抗酸化作用などさまざまな効果が期待でき、全身に使える万能オイルです。我が家ではアロマテラピーを家庭でのケアに取り入れ始めた2007年から愛用。ボディ用と食用を常時ストックしています。

【材料】2人分
バナナ　1本
りんご　1個
ココナツオイル、はちみつ　各大さじ2
クルミなどのナッツ類　手のひら1杯分
ベリー、シナモンパウダー　各適量

1　りんごは皮ごと食べやすい大きさに切り、バナナは皮をむいて1cm程度の斜め切りにする。

2　フライパンにココナツオイルを熱し、りんごとバナナを並べてはちみつをかけ、両面をきつね色になるまで焼いたら皿に並べる。

3　クルミなどのナッツ類を香ばしくなるまでさっと炒め、2にトッピングし、ベリーをちらしてシナモンパウダーをひとふりする。

セロリとツナ豆腐のふんわりサラダ

スポーツシーンでは、体づくりと同じように、次の試合に向けてどうモチベーションを保つのか、いかにして思考の切り替えを早くするのかも大切なこと。そのためにポイントとなるのが、栄養と睡眠。元気の出る食材だけでなく、脳をリラックスさせてくれる食材にも注目しましょう。セロリの香り成分には精神を安定させ、安眠効果、イライラ解消、疲労回復効果も。葉の部分にも栄養がたっぷり含まれているので、まるごと使うのがおすすめです。苦手な方は、他の素材と混ぜて料理に。このレシピでは、体を成長させるたんぱく質が豊富なツナ、ささみ、木綿豆腐、さらに、オメガ3脂肪酸の宝庫であるクルミも合わせています。

― 回復力 ― リラックス ―

【材料】2人分
レタス　1/2個
セロリ　1本
ツナ　1缶
木綿豆腐　半丁
鶏ささみ　2本
すりごま　大さじ3
クルミ　手のひら1杯分

◎調味料
マヨネーズ　大さじ1
ポン酢　小さじ2

1　ボウルに筋をとって葉まで細かく刻んだセロリ、水切りしてほぐした豆腐、ゆでて手でさいた鶏ささみ、ツナ、調味料を入れる。フライパンで軽くローストしたクルミ、すりごまも加えてざっくり混ぜる。

2　レタスをちぎって広げ、1をのせていただく。

カリッと揚げ豚のおろし南蛮酢

パワーのある夏野菜をたっぷり使った食欲増進効果が期待できるレシピです。酢は食材を色鮮やかに仕上げたり、殺菌作用で保存性も高めてくれる優秀な発酵調味料。ストレスなどで酸性に傾きかけた体をアルカリ性に近づけてくれるため、豚モモ肉のビタミンB1と共に疲労回復効果を発揮します。ゴーヤやパプリカは、油でさっと炒めるのが栄養調理のポイント。大根はすりおろすことで、イソチオシアネートという辛味成分が生まれ、抗炎症作用も。皮ごとすりおろし、栄養を存分にいただきましょう。

— スタミナ — 回復力 — 体調を整える — 免疫力 —

夏バテ対策には、トマトやスイカ（抗酸化作用、水分補給）、かんきつ類（消化促進、疲労回復）、長いもなどのネバネバ食材（胃の粘膜を保護）、カレー粉（代謝アップ、食欲増進）なども有効です。

【材料】2人分
豚モモ肉　150g
にんじん　1/2個
玉ネギ　1/2個
ゴーヤ　1/2個
パプリカ　1/2個
赤唐辛子　1本
塩、こしょう、片栗粉　適量

◎つけ汁（合わせておく）
大根おろし　100g
酢、しょう油、はちみつ　各大さじ2

1　豚モモ肉に塩、こしょうをし、全体に片栗粉をまぶす。フライパンに半分に割った赤唐辛子を多めの油で熱し、豚肉をきつね色に揚げ焼きにして取り出す。

2　1のフライパンに、せん切りのにんじん、薄切りの玉ネギを入れて炒める。しんなりしたら、細切りにしたパプリカとゴーヤも加えてさっと炒める。

3　つけ汁の材料に1と2を加え、ざっくりと混ぜたらできあがり。

作り置きに大活躍！大葉と梅の豚みそそぼろ

殺菌や防腐作用のある食材を組み合わせた、作り置きに適したメニューです。豚肉のビタミンB1は、にんにくや九条ネギのアリシンによって疲労回復効果が持続。梅干しは塩分やクエン酸を補給できるので熱中症対策に。しょうがは暑さによる食欲不振に役立つ食材です。みそは栄養補給に優れた発酵食品で、発汗で失われた塩分の補給に最適。大葉にも防腐作用があり、細かく切るほど香り成分を引き出せます。ご飯のおともにはもちろん、トマトスライスにのせても美味しい一品。お弁当にも重宝します。

【材料】(作りやすい分量)
合びき肉　500g
大葉　10枚
九条ネギ　3～4本
梅干し　3～4個
にんにく、しょうが　各2片
ごま油　適量

◎合わせ調味料
酢、しょう油、砂糖、みそ　各大さじ1

1　フライパンにごま油をひき、みじん切りにしたにんにく、しょうがを入れて火にかける。香りが立ってきたらネギ、大葉のせん切りを加えて炒める。

2　さらにひき肉を加えて炒め、肉に火が通ったらたたいて細かくした梅干しの果肉と合わせ調味料を回し入れ、水分を飛ばしながら炒める。

※冷蔵庫で3～4日間保存できます。

夏野菜とじゃこのミニバーグ

— スタミナ — 回復力 — 体調を整える — 免疫力 —

夏バテ予防には、豚肉や枝豆に豊富なビタミンB1が頼りになります。枝豆は未成熟の大豆を収穫した、野菜と豆の両方の栄養を兼ね備えた優秀な緑黄色野菜。にらはスタミナアップ食材で、消化液の分泌を促し、内臓機能を活発にしてくれる働きが。根元の白い部分は疲労回復のアリシンが豊富で、細かく刻むほど増加します。ビタミンやミネラルが豊富な焼きのりの風味を楽しみながら、発汗で失われがちなカルシウム（じゃこ）や鉄（焼きのり、牛肉、卵）も摂取できる、夫も大好きな一品です。

ハンバーグは男性に人気のメニュー。夫にも「晩ごはん、何食べたい？」とたずねると、たいてい「ハンバーグ！」と返ってきます。我が家のハンバーグは、ラム肉や鹿肉などもよく利用しています。その時々で、高野豆腐やおから、アボカド、ナッツやパセリを刻んで加えたり、フェンネルなどのスパイスも合わせるなど、風味や栄養価がアップするように工夫しています。

【材料】2人分
合びき肉　100g
枝豆　100g
万願寺とうがらし　1本
パプリカ　1/2個
卵　1個
にら　1/3束
焼きのり　2枚
じゃこ　大さじ3
塩、油　適量

1　万願寺とうがらしとパプリカはあられ切りにし、細かく刻んだにら、じゃこと一緒に30秒ほど油で炒め、取り出しておく。

2　ボウルに1とひき肉、塩ゆでしてさやから外した枝豆、溶き卵、手で小さくちぎった焼きのりを加え、ざっくり混ぜて塩で味を調える。肉で野菜を包み込むようにしながら柔らかめの小さなだんごを作る。

3　1のフライパンに油を熱して両面を焼く。

水晶鶏と新玉ネギの黒酢丼

ヘトヘト対策におすすめのどんぶりです。黒酢には、体内では作り出すことのできない必須アミノ酸のバリン、ロイシン、イソロイシン（ＢＣＡＡ）が含まれ、集中力を保持し、運動による筋肉の損傷を抑えて回復を早める働きが。スナップエンドウやのりに含まれるカルシウムの吸収率も高めてくれます。新玉ネギは、みずみずしく甘いため、生のまま栄養を存分にいただける優秀食材。近年、脚光を浴びている抗疲労成分のイミダゾールジペプチドは鶏のムネ肉に豊富に含まれ、素早い回復やパフォーマンス向上が期待できます。

我が家では、運動後の疲労回復やリカバリー飲料として、手作りの黒酢ドリンクが定番。はちみつやレモン、デーツ（ナツメヤシ）のソースを加えたり、牛乳やトマトジュースと合わせたり、飲みやすいように工夫しながら、その都度作っています。１日の黒酢摂取量は大さじ２が目安。10倍程度に薄めています。

【材料】2人分
ご飯　茶わん2杯分
鶏ムネ肉　1枚
スナップエンドウ　6さや
新玉ネギ　1/2個
トマト　1個
焼きのり　1/2枚
塩　ひとつかみ
片栗粉　適量

◎合わせ調味料
黒酢、はちみつ、酒、しょう油　各大さじ1

1　鶏ムネ肉を食べやすい大きさに切って塩をもみ込み、全体に片栗粉をなじませる。沸騰した湯に入れ、さっと火を通したらざるにあげておく。

2　フライパンに、くし切りにしたトマト、半分に切ったスナップエンドウ、合わせ調味料を入れ火にかける。スナップエンドウに火が通ったら1を入れ、ひと回しして火を止める。スライスした新玉ネギを混ぜる。

3　器にご飯を盛り、ちぎったのりをのせ、仕上げに2を盛りつける。

りんごと大根おろしの夏野菜炒め

―スタミナ―回復力―体調を整える―

夏の猛暑で危惧されるのは食欲低下からの夏バテ。大量の汗からビタミンやミネラルが流れ出てしまうため、いかにして消化機能をアップさせられるかが重要です。弱った胃腸を補修してくれる大根をはじめ、冷房など室内外の寒暖差による自律神経の乱れにはしょうがを、胃に優しく消化の良いりんごパワーも大いに活用しましょう。豚肉はビタミンＢ群が豊富。玉ネギやにんにくに含まれるアリシンと組み合わせると吸収力がアップし、疲労回復効果が持続します。自然な甘みと香味野菜の香りで箸がとまらなくなる一品で、「北海道のジンギスカンに似ている」と感想をいただいたことも。お好きな旬野菜でのアレンジもおすすめです。

暑い季節にポイントとなるのは、こまめな水分補給と、フィトケミカル（色素やアク、香り成分のこと）が豊富な夏野菜の摂取。カロテンやポリフェノールなどがフィトケミカルの一種です。抗酸化作用が抜群で、紫外線から体をガードしてくれます。

【材料】2人分
豚薄切り肉　100g
大根　50g
にんじん　1/2本
りんご　1/2個
ピーマン　1/2個
玉ネギ　1/2個
しょうが、にんにく　各1片

◎合わせ調味料
しょう油、酒、はちみつ　各大さじ1/2

1　大根、りんご、しょうが、にんにくは全てすりおろして混ぜる。そこに、一口大に切った豚肉、合わせ調味料を入れ、10分ほど浸け込む。

2　にんじん、玉ネギ、ピーマンはせん切りにする。フライパンに油を熱し、にんじん、玉ネギをしんなりするまで炒め、さらにピーマンを加えてさっと火を通す。

3　2に1を加え、肉に火が通るまで炒める。

アボカドとチーズの納豆オムレツ

京都に住んでいた頃によく通っていた和食料理店「わかば」のご店主と協力し、お店で人気の「納豆オムレツ」を、筋力アップメニューにアレンジしました。良質な筋肉を手に入れるには、植物性や動物性の複数のたんぱく質を組み合わせて摂取することが大切です。卵、ツナ、納豆は、たんぱく質が豊富で、筋トレ時のお手軽なバックアップ食材。これに、成長期に必要なアミノ酸が多く、筋肉量も増やしてくれるアボカドを加えました。紅しょうがやトマトのさっぱりとした口当たりがポイントで、「納豆嫌いを克服できた」との声もいただいた人気のレシピです。

【材料】2人分
卵　2個
納豆　1パック
ツナ（ノンオイル）　1/2缶
アボカド　1/4個
トマト　1/2個
シュレッドチーズ　ひとつかみ
ネギ、紅しょうが、しょう油、油　適量

1　ボウルに溶き卵、かき混ぜた納豆、ツナ、角切りにしたアボカド、チーズ、刻んだネギ、紅しょうが、しょう油を入れ、ざっくり混ぜる。

2　油をひき、よく熱したフライパンに1を流し入れ、フライパンをあおりながら徐々に半円に形を整えていく。角切りにしたトマトをのせたらできあがり。

鶏そぼろとごぼうの混ぜご飯
枝豆きゅうりのせ

スポーツ選手はメンタルのケアが非常に大切です。我が家では、10年ほど前から、体だけでなく、脳や神経を活発にしたり、脳の疲労回復に役立つ食材に注目してきました。枝豆はレシチンを含み、脳機能をアップさせてくれる効果が。たんぱく質や疲労回復のビタミンB1も豊富で、ネギのアリシンと一緒に摂取することで吸収率が高まります。脳の栄養源は、主にご飯などに含まれる糖質。不足すると思考力の低下を招きます。鶏肉には神経伝達物質の合成を促すビタミンB6が豊富。きゅうりは夏バテ予防食材で、香り成分ピラジンは脳の活性化や精神安定作用が期待できます。

ー スタミナ ー 脳の活性化 ー リラックス ー

【材料】2～3人分
ご飯　2合分
鶏ひき肉　200g
ごぼう　1本
しょうが　1片
枝豆　1カップ
白髪ネギ　1/2本分
きゅうり　1/2本
すだち　1個
塩、油　適量

◎合わせ調味料
しょう油　大さじ3
砂糖　大さじ2

1　フライパンに油をひき、しょうがのせん切りを入れ火にかける。香りが立ってきたらごぼうのささがきを1分ほど炒め、鶏ひき肉を加えてさらに炒める。

2　肉の色が変わったら合わせ調味料を加え、汁気がなくなったら炊き上がったご飯に混ぜる。器に盛り、塩ゆでしてさやから外した枝豆、白髪ネギ、きゅうりのせん切り、輪切りにしたすだちを添える。

豆腐と万願寺とうがらしのピリ辛丼

豆腐は「畑の肉」と呼ばれるほどたんぱく質が豊富。味にクセがなくカロリーも低いので、我が家では炒め物やスープなど、毎日必ず豆腐メニューが登場します。ここでは、木綿豆腐と合びき肉でボリュームを出し、栄養価の高い野菜も加えた、食のすすむどんぶりレシピを紹介。京の伝統野菜でもある万願寺とうがらしは、抗酸化力の強い三つのビタミン、β-カロテン（体内でビタミンAに変換）、ビタミンC・E（ビタミンエース）が豊富。代用はピーマンやししとう、パプリカが適します。キムチは腸内環境を整え、免疫力を高めてくれます。

— 回復力 — 体調を整える — 免疫力 —

植物性と動物性のたんぱく質を互いに補い合うことで、体に必要なアミノ酸バランスが整います。栄養は１つが独自に働くのではなく、手をつなぎ、鎖のようにつながっていくもの。豆腐だけでなく、肉や魚、乳製品など、組み合わせて摂ることが大切です。

【材料】2人分
ご飯　茶碗2杯分
合びき肉　100g
キムチ　100g
万願寺とうがらし　1個
木綿豆腐　半丁
砂糖、すりごま　各大さじ1
油　適量

1　フライパンに油を熱し、合びき肉、食べやすい大きさに切った万願寺とうがらし、キムチを入れ、肉の色が変わるまで炒める。手でくずした木綿豆腐を入れ、ざっくりと混ぜながらさらに1分炒め、砂糖を加えて味を調えたら火を止める。

2　器にご飯をよそい、1をのせてすりごまをふる。

アサリと豆腐のトマトみそ汁

トマトは幼い頃からとても身近な食材でした。私の中では今も昔も変わらず「太陽の味」です。夫の大好物で、フレッシュでいただいたり、加熱調理にも活用。ケガからの回復時期にも積極的に利用してきました。ここでは水煮を使った爽やかな香りのみそ汁を紹介します。トマトは旨味成分であるアスパラギン酸やグルタミン酸が豊富。昆布だしにもグルタミン酸がたっぷり含まれています。豆腐は、カルシウムやマグネシウムを摂取したいなら木綿豆腐、夏バテ予防ならビタミンB1が豊富な絹ごし豆腐がおすすめ。汗をかくと消耗しやすい鉄は、アサリやクレソンで補給を。そうめんを入れても美味しいレシピです。

【材料】2人分
昆布のだし汁　2カップ
アサリ（砂抜きをする）100g
トマト水煮　1/4缶
おくら　2本
絹ごし豆腐　1/4丁
クレソン　適量
みそ　適量

1　鍋に昆布のだし汁、アサリ、小さく切ったトマトを入れて弱火にかけ、アサリの口が開き始めたらみそを溶き入れる。

2　斜め半分に切ったおくら、一口大に切った絹ごし豆腐、食べやすい大きさに切ったクレソンを加え、さっと火を通す。

シーフードたっぷり プロヴァンス風スープご飯

「京都グルメタクシー」の岩間孝志さんとのコラボレシピです。岩間さんは元フレンチシェフの経歴を生かし、自ら食べ歩いたグルメ情報をお客様に紹介するタクシードライバーとして活躍されています。ここで紹介するのは、岩間さんに教えていただいた本格ブイヤベースを簡単にアレンジしたダイエットメニュー。シーフードは疲労回復効果があるだけでなく、高たんぱくで低脂肪。減量期やオフシーズン、リハビリからの回復期にも重宝します。少量のご飯にスープを入れることで量が増し、いつも以上に食べていると錯覚させてくれる一品です。

【材料】2人分
ご飯　茶わん1杯分
シーフードミックス　100g
白身魚　1切れ
にんにく　2片
赤唐辛子　1本
玉ネギ　1/2個
トマト　1個
スライスレモン　4枚
水　300cc
白ワイン　200cc
油、塩、こしょう　適量

◎簡単アイオリ（合わせておく）
パセリ（みじん切り）　手のひら1杯分
にんにく（すりおろしたもの）　1片
マヨネーズ、オリーブ油　各大さじ1

1　フライパンに油、赤唐辛子、にんにくのみじん切りを入れて火にかけ、スライスした玉ネギを炒める。

2　1にシーフードミックスを入れ、白ワインをまわしかけて、ざっくりと混ぜながら炒めてアルコール分を飛ばす。白身魚、水、スライスしたレモンを2枚、1cm角に切ったトマトを加え、温まったら火を止める。

3　器にご飯を盛り、2をかけて、残りのスライスレモンを添える。簡単アイオリをスープに絡めながらいただく。

肉も野菜もしっかり！ 勝負力のサンガ丼

京都サンガの２０１６年のホームゲームでは、月に1回、アス飯の栄養講習会を開催していました。これは初回開催時に紹介したメニュー。サポーターの方と一緒に、いただいた食材を用いて考案したレシピで、サンガ＝三辛（しょうが、長ネギ、青しそ＝大葉）や、紫のチームカラーから連想したなす、ツルムラサキを使った「サンガ丼」です。なすはほてった体を冷やす夏の最適食材。トマトは紫外線による活性酸素を退治してくれます。ツルムラサキは近年注目されている栄養価抜群の健康野菜。ネバネバ成分のムチンを含むモロヘイヤやおくらなどでも代用できます。

【材料】2人分
ご飯（雑穀米でも良い）　茶碗2杯分
合びき肉　200g
トマト　1個
長ネギ　1/2本
なす　1/2本
ツルムラサキ　50g
しょうが　1片
オイスターソース、カレー粉　各小さじ1
ごま油、塩、大葉　適量

1　フライパンにごま油を熱し、みじん切りにしたしょうがとネギを入れてさっと炒める。ひき肉、薄切りなすを加えて塩をひとつまみふり、肉の色が変わるまで炒める。

2　食べやすい大きさに切ったツルムラサキ（モロヘイヤなどでも可）、角切りトマト、オイスターソース、カレー粉を加えて20秒ほど炒める。

3　器にご飯をよそい、2をのせ、仕上げに大葉のせん切りをたっぷりと添える。

昆布とかつお節のもろこしだんご

私は毎朝、昆布とかつお節から丁寧にだしをとっています。美味しさやヘルシーさにこだわっているからだけではなく、だしがらも刻んで料理に使い、食材が持つ生命力を余すことなくいただくためです。京都で百年以上の歴史を持つ老舗昆布屋「おこぶ北清」のご店主からも、「昆布文化を守ることは、日本の食文化を受け継ぐこと」と教えていただきました。昆布はミネラルが豊富な栄養食材。旨味成分であるグルタミン酸は、チーズやとうもろこしにも含まれており、かつお節のイノシン酸を組み合わせることで旨味が倍増します。

「喜ぶ」に通じる縁起物の昆布。古来より人々の生活に根強く結びつき、京料理においても重要な役割を果たしてきました。だしをとった後の昆布にも、ミネラルや食物繊維などがたっぷり残されているので、ぜひ活用を。

【材料】2人分
とうもろこし　1本
だしをとった後の昆布　10cm 程度
だしをとった後のかつお節　手のひら1杯分
シュレッドチーズ　手のひら1杯分
すりごま　大さじ1
溶き卵　1/2個
塩、カレー粉　各ひとつまみ
小麦粉、油　適量

1　耐熱ボウルに、生のとうもろこしの粒、せん切りにしただしがら昆布、水気を切って包丁で細かくたたいただしがらかつお節、シュレッドチーズ、すりごま、カレー粉を入れて混ぜ、チーズが少し溶けるくらいまで電子レンジでボウルごと温める。

2　1に溶き卵を入れて混ぜ、塩で味を調える。搾るようにしておさえながら小さく固めただんごを5～6個作り（まとまりにくい場合はチーズ量を増やす）、小麦粉をまぶす。フライパンにたっぷりの油を熱し、揚げ焼きにする。

バナナとぶどうのしょうがシャーベット

試合前の軽食では、バナナにはちみつをかけて食べる選手が圧倒的に多いとか。軽食会場によってはミキサーが置いてあり、フレッシュジュースも飲めるようです。バナナは単糖類、少糖類、多糖類を全て含むありがたいフルーツ。それぞれの糖質は体内で分解されてエネルギーに変わる速度が異なるため、バナナを食べると速やかにエネルギーを補給できるだけでなく、エネルギーを長持ちさせることができます。さらにクエン酸やビタミンCを含むレモン、はちみつやぶどうを組み合わせることにより、素早い栄養補給や疲労回復効果が期待できます。

【材料】2人分
バナナ　1本
ぶどう　10粒

◎ソース（合わせておく）
はちみつ　大さじ1
しょうがのすりおろし　小さじ1
レモン（薄切り）1/4個

1　皮をむいてラップにくるんだバナナ、皮付きのぶどうを3時間ほど冷凍庫に入れる。

2　凍ったら取り出し、半解凍する。バナナはスライス、ぶどうは半分に切って器に盛り、ソースをかける。

ハマグリと豚ヒレ肉の旨煮

| 体づくり | 回復力 | 免疫力 |

豚ヒレ肉は脂質が少なく、疲労回復のビタミンB1が豊富なスポーツ時のお助け食材。高たんぱく低カロリーのハマグリは、筋力アップに効果的なアミノ酸がバランス良く含まれ、貧血予防に役立つ鉄分も豊富です。

【材料】2人分

ハマグリ（またはアサリ）　100g
豚ヒレ肉　100g
玉ネギ　1/2個
パプリカ、ピーマン、トマト　各1個
にんにく　1片
赤唐辛子　1本
片栗粉、油　適量

◎煮汁
水　100cc
オイスターソース　小さじ2
しょう油、酒、砂糖、酢　各小さじ1

1　フライパンに油をひき、スライスしたにんにく、半分に割った赤唐辛子を入れて火にかける。玉ネギのスライスを入れ、しんなりするまで炒める。

2　1に細切りにした豚ヒレ肉、パプリカ、ピーマン、ざく切りにしたトマトを加え、中火で1分炒める。

3　2にハマグリ、煮汁の材料を加えてふたをする。ハマグリの口が開いたら、水溶き片栗粉でとろみをつけて火を止める。

いちごと切り餅のデザート

ビタミンCの女王と呼ばれるいちごは、コラーゲンや鉄の吸収を助けます。レモンのクエン酸で疲労回復を促し、はちみつの糖で素早くエネルギーをチャージ。さらに、炭水化物を切り餅で、たんぱく質を牛乳で補える、アスリートにうれしいデザートです。

【材料】2人分
切り餅　2個
いちご　1パック
牛乳　50cc
はちみつ　大さじ1～2
レモンの搾り汁　1/4個分
ミントの葉　適宜

1　ビタミンCが流失しないよう、水で洗ってからへたをとったいちごは粗くつぶし、牛乳、はちみつ、レモン汁を加える。

2　切り餅は固いまま食べやすい大きさに切ってトースターで焼く。

3　2を器に入れ、1を注ぎ、ミントの葉を添える。

| 回復力 | 免疫力 |

| スタミナ | 回復力 |

アップルジンジャー豚とアスパラの酢飯サンド

豚肉のビタミンB1は、玉ネギのアリシン、りんごや酢のクエン酸、ご飯の糖質と組み合わせることで、持久力がアップします。アスパラガスはソチ五輪選手の食事プログラムで、疲労回復効果が注目されていた食材です。

【材料】4人分

酢飯　茶わん4杯分
アスパラガス　10~15本
焼きのり　4枚
豚薄切り肉　200g
新玉ネギ、りんご　各1/2個
新しょうが　1片
油　適量

◎合わせ調味料
しょう油、酒、はちみつ　各大さじ1

1　ボウルに新玉ネギ、りんご、新しょうがをすりおろし、合わせ調味料を入れ、2cm程度に切った豚肉を10分浸ける。

2　フライパンに油を熱し、1の肉を入れ、肉の色が変わるまで炒める。アスパラガスは食感が残る程度に湯がき、半分に切る。

3　ラップに焼きのり1枚を置き、中央に酢飯を平たく広げ、豚肉、アスパラガスをのせ、のりの四隅を折って四角にしたものを4つ作り、半分に切る。

鶏と春キャベツの白みそロール

たんぱく質が豊富で、消化吸収にも優れた鶏ひき肉のおかずです。白みそは甘口で薄塩、風雅な味わいが特徴。豆乳と共に大豆からなる栄養源です。九条ネギは独特のぬめりに香りや甘さが凝縮された京の伝統野菜です。

【材料】２人分
春キャベツ　３～４枚

◎たね
鶏ひき肉　200g
豆乳、片栗粉　各大さじ1
白みそ　大さじ2
九条ネギ　1本
しょうが　1片
ゆずこしょう、塩　少々

1　春キャベツは熱湯でさっとゆでる。芯の部分は切り取り、ネギ、しょうがと共にみじん切りにする。

2　ボウルに1の刻んだ芯とたねの材料を全て混ぜ合わせてよくこね、ゆでた春キャベツの上に薄く広げてロール状に巻く。

3　２をオーブンシートなどにくるみ、10分ほど蒸す。食べやすい大きさに切ってできあがり。

｜　スタミナ　｜　体づくり　｜

| スタミナ | 脳の活性化 | 回復力 | 体調を整える |

鯛のオレンジジュレソース

スポーツシーンをサポートしてくれると話題のオメガ３脂肪酸（鯛のＤＨＡとＥＰＡ、えごま油のαリノレン酸）。抗炎症作用があり、ケガの予防や回復、筋肉痛の軽減やスタミナ強化など、パフォーマンス向上の鍵を握るといわれています。

【材料】２～３人分
鯛（刺身）　1柵
100％オレンジジュース　1カップ
レモンの搾り汁　1/2個分
粉寒天　小さじ1/4
オメガ3系オイル（亜麻仁油やえごま油など）　大さじ2
スプラウト　ひとつかみ
塩、こしょう　適量

1　フライパンにオレンジジュース、粉寒天を入れ、かき混ぜながら火にかけ、沸騰したら中火にする。2分ほどしたら火を止め、バットに移して冷ます。

2　ボウルにオイル、レモンの搾り汁（半量）、塩、こしょうを入れてよく混ぜ、1にざっくり混ぜ合わせてソースを作る。

3　器に鯛の刺身を盛り付ける。2のソース、残ったレモン汁をかけ、スプラウトをトッピングする。

※ジュレソースには、オレンジジュースの代わりに、緑茶やルイボスティーを使うのもおすすめです。

アサリとエビの滋養たっぷりサラダ

アサリやエビなどの魚介類は、ケガ回復期に重宝する高たんぱく低カロリー食材。パフォーマンス向上に欠かせないタウリンも豊富です。アスパラガスやもやしに含まれるアミノ酸の一種のアスパラギン酸には、疲労回復効果があります。

【材料】2人分
アサリ（砂抜きをする）　200g
むきエビ　100g
もやし　1/2袋
アスパラガス　3本
料理酒　50cc

◎タレ（合わせておく）
しょう油、ごま油、レモンの搾り汁、すりごま　各小さじ2

1　鍋にもやし、斜めに細長く切ったアスパラガス、むきエビを入れ、その上からアサリを並べる。料理酒をまわしかけてふたをする。

2　強火で加熱し、アサリの口がしっかり開いたら皿に盛り、タレをかける。

| 体づくり | 回復力 | 体調を整える |

マグロと小松菜、おくらのあえもの

持久力の低下を招く、鉄欠乏性貧血の予防に役立つレシピです。鉄分補給のポイントは、赤身マグロに含まれる動物性のヘム鉄と、小松菜やおくらに含まれる植物性の非ヘム鉄を組み合わせて摂取することです。

【材料】2人分
赤身マグロ　150g
小松菜　100g
おくら　5本
キャベツ　1/8個
卵　1個

◎タレ
しょう油、みりん、すりごま　各大さじ1
ごま油　小さじ1

1　マグロは包丁で細かくたたき、長さ1cmに切った小松菜、輪切りにしたおくら、1cm角に切ったキャベツはさっとゆでる。

2　1に溶き卵を混ぜ合わせ、器に盛る。

3　タレの材料を鍋に入れ、沸騰したら火からおろし、熱いうちに2にかける。

豚肉とたけのこのみそチーズ炒め

みそがきいたコクのある一品です。たけのこやこんにゃく、ごぼうに多い食物繊維は、緊張やストレスからの便秘を防ぎ、減量時にも重宝。しいたけのビタミンDは、チーズに含まれるカルシウムの吸収を高めてくれます。

【材料】2人分
たけのこ　100g
豚薄切り肉　100g
新ごぼう　1本
こんにゃく　1丁
しいたけ　5個
とろけるスライスチーズ　1枚
油　適量

◎合わせ調味料
みそ、しょう油、みりん、酒、はちみつ　各大さじ2

1　ボウルに食べやすい大きさに切ったたけのこ、豚肉、こんにゃく、しいたけ、新ごぼうのささがき、合わせ調味料を入れ、10分ほど浸け込む。

2　フライパンに油を熱し1を入れて炒め、汁気がなくなりそうになったら手でちぎったチーズを加える。ざっくりと混ぜたらできあがり。

| 回復力 | 体調を整える | 免疫力 |

梅風味の冷やしとろろ麺

「山のうなぎ」と呼ばれる山いもの滋養強壮力を最大限に生かすなら生食がおすすめ。ネバネバ成分には腸内環境を整えたり、ヨーグルトに含まれるたんぱく質の吸収を助ける効果があります。関節の強化や痛みの軽減にも。

【材料】2人分
うどん　2玉
山いも　100g
だし汁　100cc
無糖ヨーグルト　100cc
梅干し　1～2個
青のり、すりごま　各大さじ1
塩　適量
大葉やネギなどの薬味　適量

1　ボウルにすりおろした山いも、だし汁、ヨーグルト、手でほぐした梅干しの果肉、青のり、すりごまを入れて混ぜ、塩で味を調える。

2　うどんをゆで、流水で冷やして器に盛り、1をかけて薬味を添える。

アスパラと豚もやしのナンプラー炒め

疲労回復効果のあるアスパラギン酸はアスパラガスから発見されたアミノ酸。もやしや湯葉（乾燥）にも多く含まれます。豚肉でビタミンB1を、レモンでクエン酸を補える、エスニック風味の回復レシピです。

【材料】2人分
豚薄切り肉　100g
もやし　1袋
アスパラガス　2本
乾燥湯葉（水で戻す）　2枚
レモン　1/2個
にんにく、しょうが　各1片
ナンプラー　小さじ2
すりごま　大さじ1
塩、こしょう、油　適量

1　フライパンに油をひき、にんにくとしょうがのみじん切りを入れて火にかけ、香りが立ってきたら豚肉を加え、焼き色がつくまで炒める。

2　１にもやし、一口大に切った湯葉、斜め細切りにしたアスパラガス、くし切りにしたレモン、ナンプラーを入れて強火で炒め、塩、こしょうで味を調えたら火を止める。器に盛り、すりごまをふる。

｜ スタミナ ｜ 回復力 ｜ 体調を整える ｜

| スタミナ | 体調を整える |

すき焼き風おろし卵とじ

赤身の多い牛モモ肉は、体に吸収されやすい鉄分（ヘム鉄）が豊富に含まれています。こんにゃくは低カロリーで腹持ちの良い食材。腸内環境を整えてくれます。卵を加えることでさらに栄養価を高め、まろやかな味に。

【材料】2人分

牛モモ薄切り肉　200g
大根おろし　200g
糸こんにゃく　100g
乾燥ひじき（水で戻す）　10g
卵　1個
ネギ（細切り）　適宜

◎煮汁
だし汁　200cc
しょう油　大さじ3
砂糖　大さじ2
みりん　大さじ1

1　牛肉と糸こんにゃくは一口大に切る。小さめの鍋で、糸こんにゃくをから炒りし、牛肉とひじきを加える。

2　牛肉の色が変わったらだし汁、大根おろし、煮汁の材料を加えて中火で煮る。

3　煮汁が3分の1程度になったら溶き卵をまわし入れ、半熟状になったらできあがり。お好みでネギをちらして。

鶏ムネ肉と枝豆のオレンジ焼き

高たんぱく低脂肪、消化も良い鶏ムネ肉は、脳と体の疲労回復効果で知られる食材。脂質の気になる方は皮を取りのぞいて調理してください。枝豆はお手軽ながら栄養がぎっしり詰まった、優秀なアスリートフードです。

【材料】2人分
鶏ムネ肉　200g
枝豆　100g
オレンジ　1/4個
クルミ　3粒
小麦粉　適量
塩、油　適量

◎合わせ調味料
しょう油、はちみつ、酢　各大さじ2

1　枝豆は塩ゆでしてさやから外しておく。鶏肉は食べやすい大きさに切り、小麦粉をまぶす。

2　フライパンに油を熱し、鶏肉の皮を下にして入れ、両面がきつね色になるまでしっかり焼く。

3　火を弱め、枝豆、くし切りにしたオレンジ、刻んだクルミ、合わせ調味料を入れ、汁気がなくなるまで3分ほど炒める。

| 体づくり | 回復力 | リラックス |

| スタミナ | 回復力 | 体調を整える |

うなぎと長いものネギ豚うどん

うどんに含まれる糖質。この吸収を高めてくれる食材を組み合わせました。栄養の宝庫・うなぎのかば焼きは、サッカー日本代表の試合前日の勝負飯にも使われた、栄養価抜群のスペシャル食材です。

【材料】2人分
うどん　2玉
豚薄切り肉　100g
うなぎのかば焼き　1/2尾
長いも　1/3本
九条ネギ　1本
すりごま　大さじ1
油　適量

◎タレ（混ぜ合わせておく）
水　100cc
ポン酢　50cc

1　豚肉とうなぎは食べやすい大きさに、ネギは斜め細切りにする。

2　フライパンに油を熱し、豚肉、ネギを炒め、仕上げに長いものせん切りを加え、1分ほど炒めて火を止める。

3　皿にゆであげたうどんを盛り、うなぎと2をのせる。上からタレをかけ、すりごまをふる。

照り焼きポークの
タルタルソースがけ

脂質が少なくビタミンB1が豊富な豚モモ肉を使い、子どもも大人も大好きなチキン南蛮風にアレンジ。血流をアップさせてくれるトマトや玉ネギ、レモンやキムチのクエン酸の力も借りて、疲労回復効果を倍増させます。

【材料】2人分
豚モモ肉　150g
油　適量
キャベツ（せん切り）　適宜

◎合わせ調味料
しょう油、砂糖　各大さじ1
みりん　大さじ2
酒　小さじ1

◎タルタルソース（合わせておく）
ゆで卵（みじん切り）　1個
トマト、玉ネギ（各みじん切り）　各1/4個
キムチ、マヨネーズ　各大さじ1
レモンの搾り汁　小さじ1
塩、こしょう　適量

1　フライパンに油を熱し、一口大に切った豚肉を炒める。合わせ調味料を入れ、とろみがついたら火を止める。

2　皿に盛り、タルタルソースをのせ、キャベツを添える。

| スタミナ | 回復力 | 体調を整える |

大豆とひじきの スピードアップきんちゃく

筋肉を動かすために必要なカルシウム（筋肉の収縮＝ひじき、にら、チーズ）とマグネシウム（筋肉の弛緩＝ひじき、大豆、油揚げ）、さらに、レシチン（情報の伝達＝大豆、油揚げ）を組み合わせた、瞬発力アップが期待できる一品です。

【材料】2人分
蒸し大豆　100g
乾燥ひじき（水で戻す）10g
トマト　1個
にら　1束
油揚げ　4枚
とろけるスライスチーズ　2枚
油　適量

◎調味料
ナンプラー　小さじ2
カレー粉　小さじ1/2

1　フライパンに油を熱し、大豆、ひじき、小さく切ったトマト、細かく刻んだにら、調味料を入れ強火で1分ほど炒め、仕上げに手でちぎったチーズを加えて火を止める。

2　半分に切った油揚げに1を詰め、つまようじで留めたものを8つ作り、フライパンで両面をこんがりと焼く。

ハモと梅肉の清涼パスタ

生命力が強く、コラーゲンの宝庫であるハモは夏の京都を代表する栄養食材。疲労を回復させる梅干しを使い、β-カロテンやビタミンCが豊富な香味野菜の三つ葉パワーもプラス。暑い時にも食がすすむ冷製パスタです。

【材料】2人分
パスタ　200g
ハモ（湯引きしたもの）　150g
梅干し　3～4個
三つ葉　1/2束
しょう油、すりごま　各大さじ1
油　大さじ2
塩、こしょう　適量

1　パスタはゆでてざるにあげ、流水で冷やす。水気を切り、油を絡めておく。ハモは食べやすい大きさに切る。梅干しは手でちぎり、三つ葉は長さ3cmに切る。

2　1をボウルに入れ、ハモが崩れないようにざっくりと混ぜる。

3　塩、こしょうで味を調えて器に盛り、すりごまをふる。

| スタミナ | 回復力 |

| スタミナ | 回復力 | 体調を整える | 免疫力 |

夏野菜ドレッシングの彩りそうめん

サポーターの方と協力して作った、夏素材のさっぱりメニュー。なすは90%以上が水分。カリウムが利尿を促して、むくみを解消。おくらのネバネバ成分には整腸作用や胃の粘膜を保護する働きがあります。

【材料】2人分

そうめん　2人分	ゴーヤ　1/4本
トマト　1/2個	蒸し大豆　50g
なす　1/2本	にんにく　1片
おくら　1本	

◎合わせドレッシング

酢　大さじ2	トマトケチャップ　小さじ1
砂糖　小さじ2	こしょう　適量
塩　小さじ1/2	油　大さじ1

1　合わせドレッシングの大さじ2をフライパンに入れ、にんにくのみじん切りを加えて火にかける。角切りにしたトマト、なす、ゴーヤ、輪切りにしたおくら、蒸し大豆を入れ、さっと炒めて火を止める。

2　1に残りのドレッシングをあえて粗熱がとれたら冷蔵庫で冷ます。

3　そうめんをゆで、流水で冷やして器に盛り、2を盛りつける。

ピーマンとチキンの爽やかソテー

赤や黄、緑など色鮮やかなパプリカやピーマンには、日々の練習で傷ついた筋肉の炎症を抑え、ケガから体を守るβ-カロテン、ビタミンC、ビタミンEなどの抗酸化物質が豊富に含まれています。毎日食べる習慣を。

【材料】2人分
鶏モモ肉　200g
パプリカ　1個
ピーマン　1個
もやし　1/2袋
油　適量

◎合わせ調味料
しょう油　大さじ2
砂糖、酒、酢　各大さじ1
みりん 大さじ3

1　フライパンに油を熱し、一口大に切った鶏モモ肉をきつね色になるまで炒める。

2　1に合わせ調味料、細切りにしたパプリカとピーマン、もやしを加え、1分ほど強火で炒める。

| 回復力 | 免疫力 |

| 回復力 | 体調を整える | 免疫力 |

ゴーヤと鶏ささみのさっぱりあえ

ゴーヤの独特な苦み成分は、胃腸の調子を整えたり食欲増進作用が。ビタミンCやビタミンB1も豊富な夏の最適食材です。すりごまは優秀なたんぱく源。カルシウムやマグネシウムも豊富で、足がつるのを防いでくれます。

【材料】2人分
鶏ささみ　2本
ゴーヤ　1/2本
玉ネギ　1個
ツナ　1缶
梅干し　1個
かつお節　小1袋（2.5g）
すりごま　大さじ1
塩、こしょう　適量

1　薄くスライスしたゴーヤと玉ネギを塩もみし、流水にさらす。熱湯にさっとくぐらせたら、水で洗い、水気を切る。鶏ささみもゆで、そぎ切りにする。

2　1にツナ、手でちぎった梅干し、かつお節、すりごまを加えてざっくり混ぜ合わせ、塩、こしょうで味を調える。

梅チーズおにぎりの
みそ茶漬け

塩分補給に役立つみそ汁に、おにぎりを浸した、暑い季節のお助けメニューです。新陳代謝を促すしょうがをプラスすることで、香りの強い生ニラも食べやすくなり、夏バテ予防にも最適。チーズのカルシウムやたんぱく質も手軽に補える一品です。

| スタミナ | 回復力 | 体調を整える |

【材料】1人分
ご飯　茶わん1杯分
とろけるスライスチーズ　1枚
梅干し　1個
大葉　3枚
おくら　2本
しょうが、みそ　各大さじ1/2
にら、刻みのり　適量
熱湯　適量

1　ボウルにご飯、細かく切ったチーズ、包丁でたたいた梅干しの果肉、粗みじんに切った大葉を入れてざっくり混ぜ、おにぎりを作る。

2　大きめのお碗に、すりおろしたしょうが、みそを入れ、上から熱湯を注いでかき混ぜる。1のおにぎりを浸し、おくらの輪切りや刻んだにらを加え、仕上げに刻みのりをのせる。

季節の食材を手に取ると、いつも故郷を思い出します。

北の大地の透き通った青い空、見渡す限りの大自然。
私は、北海道十勝郡浦幌町の農家で生まれ育ちました。
山の幸や、畑で実っている作物の「生命」をもぎり、
祖母が作る四季豊かな料理を皆で手を合わせ、ありがたくいただいた日々。
雨の日も、風の日も、早朝から暗くなるまで農作業に励んでいた
家族の背中を忘れることはありません。
どんな時もどこにいても故郷での暮らしを原点に、
食べてくれる人の心と体を育む料理を、想いを込めて作っています。

「怖いもの知らずで困る」。これが幼少期の私を受け持った先生の口癖。農業経営の実家では、家族全員が午後8時に就寝していました。起床は午前3時。私は父の畑を耕すトラクターの音で目を覚まし、朝食は5時頃いただいていました。7時からの陸上の朝練習に間に合うよう、6キロ離れた小学校まで自転車をこぎ続け、農作業中の人に大きな声で「おはようございます」とあいさつするのが日課でした。放課後はバレーボールの練習で汗を流し、冬はスピードスケート少年団に入部。当時の私は、三つのクラブを掛け持ちするスポーツ少女だったのです。

小学校時代は走り高跳びと走り幅跳びで十勝地区で優勝し、全北海道大会へ。中学に入ると、走り幅跳びと100メートルハードルでコンスタントに記録を残し、三種B（100メートルハードル、走り幅跳び、砲丸投げの合計得点で競う競技）では全道大会入賞を果たしました。

結果が出ると自信がつき、つい、いろいろなことを試したくなるもので、一度、母の助言を無視し、持たせてくれたおにぎりを食べずに大会に挑んだことがあります。結果は惨敗。エネルギー不足で全く力が出ませんでした。若くして運動時の栄養がど

れだけ重要かを学んだ、とても印象深い出来事です。

・・・

私は幼い頃から雨が大好きで、友人が「あした天気になあれ」と表を願いながら遠くに靴を放り投げる度、本当は裏が出れば良いと思っていた裏切り者。雨は大地を潤し農作物を育て、ひとりぼっちで農作業の留守番をする寂しさを解消してくれる喜びの歌でした。傘の上で奏でられるメロディー。水たまりで遊び跳ねるアメンボ。実家を囲む畑から漂う湿った土のいいにおいは、まさに「地球の香り」でした。

毎朝カッコウや山鳩《やまばと》の鳴き声で目を覚ました山の中での暮らしは、幼少期の五感を鍛え上げ、時を経ても色あせることはありません。

・・・

窓辺に泳ぐ竹籠の風鈴。澄んだ音色はみるみるうちに蝉時雨に飲み込まれていきます。汗を拭いもせず暑さに身を委ねると、自身の存在すらも夏の風景と同化していくような。暑いと思うのは一瞬で、過ぎてしまえば何と短いものでしょう。

毎年この季節が来ると、必ず子どもの頃の夏休みを思い出します。「今日はどこの山であそぶ？　ターザンごっこしよう」「がけのぼりしようか」「川でウグイをすくおう」。北海道で育った私の唯一の遊び道具は「自然」でした。

その頃の私は、靴を履いていなかったことがほとんど。足の裏で土を踏んだ感触が心地よく、鮮明に覚えています。フカフカのたんぽぽの上で寝転ぶことも。見上げると、まるで絵の具をこぼしたかのような真っ青な空が広がっていました。

夏夜も満天の星空の下、対照的にひっそり輝く一粒の光がありました。一緒に暮らしていた祖母は、線香花火が大好きでした。小さくても、目立たなくても、静かに、穏やかに。線香花火は、素直で優しい人であってほしいと諭し続けてくれた祖母の姿そのものだったのかもしれません。

「あれ松虫が鳴いている　ちんちろちんちろ　ちんちろりん」。北の大地、十勝と釧路の山間。30年前に入学した小学校は同級生がたったの3人、全校児童合わせても10人ほどでした。複式学級（複数の学年をまとめた学級）での学びで、1年生の時、冒頭の童謡「虫のこえ」を聴き、心を弾ませていたことが、色鮮やかに思い出されます。

初秋、農家だったわが家は作物収穫期のまっただ中。家族7人が総出で畑へ。幼い私も、ぶかぶかの軍手の中で小さな手を泳がせ、鼻の頭を真っ黒にして草をとりつつ、頭の中では休憩時間のおやつのことだけ考えていました。

現在でも収穫時期になると、両親が大きな段ボール箱に土の香りをのせて、小豆、じゃがいも、かぼちゃなど、たくさんの野菜を送ってくれます。両親は「おいしい」という言葉が、何よりの喜びとエネルギーになるのだそうです。

・・・

「加代は、ふしぎでたまらない。あんなに、つもってはきえ、つもってはきえしているのに、どうして、いつのまに、ふんでもとけないあつい雪の道ができあがるんだろう。土にとりついて、とけないで、上からおちてくるなかまをささえた、そのさいしょのひとつぶの雪を、加代は見たい」。杉みき子さん作「加代の四季」から、私の大好きな一節です。

雪が積もる冬、農家では、農作物を室《むろ》に入れて寒さをしのぎます。マイナス20度を下回ることもあった小学生時代は、まきストーブで暖をとり、まつげを凍らせながら高学年が低学年をそりに乗せ、登下校していました。両親の時代は除雪車もなかったため、馬に乗ったり、馬そりで通学したそうです。

農作業用のトラクターは、除雪作業やスピードスケートリンクの水まきにも活用されました。冬の体育の授業では全校児童が裏山に登り、ミニスキーで山の上から滑り降りる練習を重ねます。幼い瞳に映し出されるのは、見渡す限りの銀世界。一面にダイヤモンドダストがちりばめられた宝物みたいな風景が広がっていました。

初めてスケート靴を履いたのは幼稚園の時。裏山の川の上でした。氷上には石や落ち葉が混ざり、薄くなった場所で体を揺らすと、トントンと危なっかしい軽い音。同時に大きなひび割れが走りました。しもやけなども気にせず、氷に寝そべってぴたりと耳をつけ、奥の方から聞こえる川の音や、もう一つの夢の世界を堪能していました。

学校の校庭も、散水車によって瞬く間に直線と緩やかな秘色の弧を描くリンクに変わりました。スケート少年団で本格的に練習を始めると、1枚の刃が生み出すスピードは自分でも怖いほど。削られた氷の結晶が虹を描き飛んでいきます。やがてそれが地面を柔らかく包むようになった時、新しい季節の足音が聞こえてくるのでした。

・・・

農業経営の実家では、春夏秋冬、自然と共存する生活を送っています。雪のまだ残る寒い時期に種をまき、芽吹いた小さな生命に寄り添い、向き合うように。めくるめく日々は、地道な努力と忍耐の積み重ね。もの言わぬ相手に無償の愛を注ぎます。

どんなに手を尽くしても、突然嵐がやって来て、農作物が一瞬のうちに目の前から消え去ってしまったことも。しかし、私たちは、自然に支えられ、その恩恵を受けて生きています。「来年こそは」。歯を食いしばって何度も立ち上がり、感謝の心をもって、再び畑の上に立つ家族の姿をずっと見てきました。

同じ季節を繰り返しているようですが、同じ瞬間はやって来ません。走馬灯のように流れ過ぎる人生のらせん階段も、いつかの収穫期が来ることを祈りながら歩む農作業に似ていると感じるのは、私だけでしょうか。

幼い頃から、畑からもぎ取った野菜を食す生活でした。煮物や焼き魚、生野菜におみそ汁。飼育するニワトリが産んだ卵を食べ、豆腐や漬物、みそ、納豆は祖母が手作りしていました。庭には、梅、ヒョウタンナシ、グーズベリーやコクワも実ります。ヤマブドウや山菜は、裏山から祖父が採ってきて食べさせてくれました。

体いっぱいに受け取った大地の恵みを、こうして伝えられる日々に感謝します。

（京都新聞連載記事より抜粋　※一部加筆修正しています）

秋と冬のレシピ

Autumn & Winter Recipes

まるごとにんじんと かぼちゃの炊き込みご飯

かぼちゃは夫が椎間板ヘルニアを患った２００６年に頻繁に利用していた食材。夏の疲れによる風邪を予防するビタミン（β-カロテン、ビタミンC、ビタミンEの３大抗酸化成分）や、疲労回復に役立つビタミン（ビタミンB1、B2）、カルシウムなどのミネラルも豊富です。エネルギー源になる糖質も多く、血行を促し、体を温める作用も強いので、ケガからの回復期にも効果を発揮します。このかぼちゃを使い、まるごと1本すりおろしたにんじんを加え、免疫力アップも期待できる炊き込みご飯を考案。自然の恵みを凝縮した栄養価抜群のレーズンもたっぷり加えています。

【材料】2～3人分
米　2合
かぼちゃ　100g
にんじん　1本
しめじ　1/2パック
砂糖　大さじ1と1/2
油　大さじ1
レーズン　ひとつかみ
塩　小さじ1
パセリ　適量

1　かぼちゃは一口大に切り、にんじんはすりおろす。しめじは石づきを取ってほぐす。

2　米をといで炊飯器に入れる。目盛りより少し多めの水に浸し、1、油、レーズン、砂糖、塩を加えてざっくりと混ぜ、普通に炊く。

3　器に盛り、仕上げに刻んだパセリをちらす。

肉巻きえのきの梅風味焼き

―回復力―体調を整える―免疫力―

「一日梅干し1個で医者知らず」と言われますが、試合前泊の食事会場では梅干しが必ず用意されています。疲労回復効果の高いクエン酸を含むだけでなく、体を温めたり、食欲を増進したり、整腸作用もある優れものです。補食（栄養補給にもなる大切な間食のこと）にも手軽な梅のおにぎりをはじめ、梅を使ったおかずはお弁当の定番。独特な香り成分のある大葉も殺菌作用を発揮するお弁当の最適食材で、両方使ったこのメニューは行楽シーンにもぴったりです。食物繊維を含むえのき、滋養強壮効果のある長いもで胃腸を守り、消化を助けながら栄養補給もできる一品です。

日本の伝統食である梅干し。夫は小学生の頃から梅干しを緑茶の中に入れてつぶして飲むのが大好きだったとか。現在でも、私が祖母から受け継いだ、梅干しを魚焼き器で焼いて、そこにネギやしょうがを刻み、熱湯をかけて食べるレシピがお気に入り。熱い番茶に梅干しを入れていただくのも、手軽な残暑対策としておすすめです。

【材料】2人分
豚薄切り肉　6枚
梅干し　2～3個
卵　1個
小麦粉、油　適量

◎具材
えのき　1/2袋
長いも　100g
大葉　6枚

◎合わせ調味料
しょう油、酒、はちみつ　各大さじ1

1　豚肉を1枚広げて梅肉を薄く塗る。その上に大葉1枚、せん切りした長いも、えのきをのせ、端から巻いたものを6本作り、全体にさっと小麦粉をまぶしておく。

2　フライパンに油を熱し、溶き卵にくぐらせた1をきつね色になるまで焼き付け、いったん取り出す。

3　同じフライパンに合わせ調味料を入れて火にかけ、2を戻し入れる。20秒ほど転がして、味を絡める。

鉄分たっぷり
柿とトマトのカツオずし

カツオは、筋肉や骨、血液の材料となるたんぱく質や、持久力アップに欠かせない鉄分（ヘム鉄）が豊富なアスリート食材。貧血対策に有効なビタミンB群も含むため、我が家ではお刺身やタタキ、煮物などに幅広く利用しています。吸収率の低い鉄分（非ヘム鉄）が豊富な焼きのりは、カツオやビタミンCが豊富な柿、クエン酸を含む酢飯と組み合わせることで、吸収率がアップ。材料の組み合わせは斬新ですが、新聞連載時にも「柿がよく合う！」「家族みんな大好き」と評判の高かった、思い出のメニューです。

【材料】2～3人分
酢飯　茶わん2～3杯分
カツオのたたき（刺身）　150g
トマト　1個
柿　1個
卵　1個
万能ネギ　5本
新しょうが　1片
焼きのり　1/2枚
すりごま　大さじ1

◎合わせ調味料
しょう油　大さじ2
砂糖、酒　各大さじ1
みりん　大さじ3

1　カツオは包丁で細かくたたき、トマトや柿はあらくみじん切りにする。万能ネギは小口切りにし、新しょうがはすりおろす。すべてボウルに入れ、すりごまや溶き卵も加えたら、全体を軽く混ぜ合わせる。

2　小鍋に合わせ調味料を入れて火にかけ、半量になったら火を止め、熱いうちに1に混ぜる。

3　器に酢飯を盛り、2をのせる。

— スタミナ —

ちゃんちゃん焼き風
お手軽フライパン蒸し

私たち夫婦は、故郷である北海道の「ちゃんちゃん焼き」が大好物。魚と野菜を鉄板で焼いて食べる郷土料理ですが、これを試合前に必要な食材を使ってアレンジしました。餅に含まれる糖質はグリセミック指数（GI値・食品を摂取した際に、血糖値の上昇度を示す指標のこと）が高く素早くエネルギーになるので、試合を数時間前に控えた時の強い味方です。ビタミンB1を含む鮭やアスパラガス、ビタミンB2を含む卵やブロッコリーを加えることで、エネルギーを効率よく生み出します。

【材料】１人分
生鮭　１切れ
切り餅　１個
卵　１個
アスパラガス　１本
にんじん　1/2本
ブロッコリー　小房２個
ゆずなどかんきつ類の皮　ひとつまみ

◎合わせ調味料
みそ、みりん、酒、はちみつ　各小さじ１

1　フライパンにクッキングシート、またはアルミホイルを広げ、その上に生鮭、切り餅、ブロッコリー、せん切りにしたにんじん、斜め薄切りにしたアスパラガスを並べ、卵をそっと割り入れる。

2　１に合わせ調味料をまわしかけ、細切りにしたゆずの皮を全体にちらして包む。

3　フライパンにふたをして中火にかけ、10分ほどして鮭に火が通ったらできあがり。

なめことごぼうのおろしょう油のせ

食物繊維には、働きの異なる水溶性食物繊維（大麦、アボカド、海藻など）と不溶性食物繊維（豆類、キノコなど）があり、これらをバランス良く摂ることがポイントです。特に意識して摂取したいのが水溶性食物繊維。野菜のほとんどに含まれる不溶性食物繊維に対し、水溶性食物繊維が多い食材は少なく、不足しがちなのです。このレシピでは、その両方を豊富に含むごぼうとなめこを主役にしました。高たんぱく低カロリー食材のエビを合わせ、基礎代謝アップ効果のネギもプラス。仕上げに大根おろしをあえることで、消化酵素も生でいただけます。

夫の減量時に重宝したのは、水溶性食物繊維が豊富な大麦。大麦のβ－グルカンは糖質の吸収を抑える効果が高く、その持続時間も長いので、白米と１対１で混ぜたものを主食にしていました。無理のない水溶性食物繊維の摂取が可能で、毎日のコンディション管理に活用できる優れものです。

【材料】2人分
なめこ　1袋
ごぼう、長ネギ　各1/2本
むきエビ　10尾
大根おろし　5cm 程度
にんにく　1片
ごま油　適量

◎合わせ調味料
しょう油、酒、みりん　各大さじ1

1　フライパンにごま油、みじん切りにしたにんにくを入れて熱し、斜めにスライスしたごぼうと長ネギを入れて強火で炒める。ごぼうに火が通ったらむきエビと合わせ調味料を加え、さっと炒めて火を止める。

2　なめこは沸騰した湯でさっとゆでて水気を切り、1や大根おろしと絡めて器に盛る。

さつまいもとりんごのスパイス煮

さつまいもはエネルギー源となる炭水化物が豊富。ゆっくり消化される特徴を持ち、血糖値の上昇も緩やかです。加熱に強いビタミンCやカリウムも豊富で、むくみ予防の効果も。食物繊維も豊富に含まれていますが、お腹が張ったりガスがたまったりすることがあるため、試合前ではなくトレーニング期に利用するのがおすすめです（試合前は消化の良いマッシュポテトが適しています）。はちみつの主成分はブドウ糖と果糖。良質なビタミンやミネラルが豊富で、疲れた体を速やかに回復させてくれます。

【材料】2人分
さつまいも　1本
りんご　1個
牛乳　400cc
はちみつ　大さじ2
カレー粉　小さじ1/2
ローリエの葉　1枚

1　さつまいもとりんごを皮ごと一口大に切る。

2　全ての材料を鍋に入れて火にかけ、沸騰したら弱火にし、ふきこぼれないようにじっくりコトコトと煮る。さつまいもが柔らかくなったらできあがり。

柿とれんこんのシャキシャキ炒めご飯

— スタミナ — 体づくり — 体調を整える — 免疫力 —

アスリートと果物は「家族」のような関係性だと思います。果物に多く含まれるビタミンやミネラルは体調を整えてくれるだけでなく、手軽に栄養補給ができ、スポーツ時のエネルギー源にも。「ドーピングで薬を飲むことができないスポーツ選手の特効薬のようなもの」と話す夫は、このメニューで苦手だった柿を克服しました。焼いて温めることで他の食材と面白いようにマッチするアイデアレシピで、柿とれんこんのシャキシャキとした食感も楽しめます。れんこんは食物繊維が豊富な滋養強壮食材。ネバネバ成分であるムチンの作用で、胃の粘膜を保護してくれます。

厚労省や農水省の「食事バランスガイド」では、毎日200g食べることが推奨されている果物。我が家では、旬の果物をはじめ、必ず3種類ほどストックしています。夫が前十字靭帯を断裂した時には、靭帯を形成するコラーゲン摂取と、これをより吸収させる食材として、ビタミンCの豊富ないちごを一日1パック食べていました。パイン、グレープフルーツ、オレンジなどのかんきつ類は、ストレス緩和や風邪予防に利用しています。

【材料】2～3人分
ご飯　茶わん3杯分
柿　1個
鶏ささみ　2本
玉ネギ　1/2個
れんこん　3cm程度
カレー粉　小さじ1/2
パセリ　適量

◎合わせ調味料
しょう油、はちみつ　各大さじ3
酒　大さじ1

1　ジップつき食品保存袋にそぎ切りにした鶏ささみ、みじん切りにした玉ネギ、5mm角に切った柿とれんこん、カレー粉、合わせ調味料を入れ、30分ほど浸け込む。

2　フライパンに入れ、中火で10分ほど炒めたら、熱々のご飯にざっくり混ぜる。器に盛り、パセリのみじん切りをちらす。

豚キムチと白菜のまろやかミルフィーユ蒸し

―スタミナ―回復力―体調を整える―免疫力―

サッカー韓国代表が２００２年Ｗ杯で大躍進した陰に、キムチがあると言われています。我が家でも、納豆やのり、梅干しと同じように、毎日、食卓に上がる食材です。キムチの最大の特徴は、野菜や魚介類を素材にした乳酸発酵食品であること。血流をアップさせる唐辛子パワーも加わって、コンディションに関わる腸内環境を整えてくれます。キムチに含まれるにらやにんにくには免疫力を高める効果が。白菜は大根、豆腐と共に「養生三宝」と呼ばれる健康維持食材。芯までしっかりいただきましょう。

【材料】2人分
豚薄切り肉　200g
白菜　200g
キムチ　100g
牛乳　50cc
とろけるスライスチーズ　1枚
こしょう　適量

1　ボウルに5cm幅に切った豚肉と白菜を入れ、キムチと牛乳を加えてよくなじませる。小さめの鍋、または蒸し器に、白菜、豚肉、キムチの順番に、1枚ずつ重ねながらミルフィーユ状に並べていく。

2　手でちぎったチーズをのせ、ふたをして10分蒸す。野菜がしんなりし、豚肉に火が通ったら、こしょうをふってできあがり。

じゃがいもとおからのコロコロ揚げ

― スタミナ ― 回復力 ― 免疫力 ―

体を動かしてくれるだけでなく、脳のエネルギー源にもなるじゃがいも。皮つきのまま調理した方が、豊富なビタミンCを守ることができます。ここにビタミンB群が豊富な豚ひき肉やアリシンを含む玉ネギをプラスすることで、持久力アップや疲労回復効果が期待できます。おからは低カロリーで不溶性食物繊維が豊富。便秘を解消したり減量時にも重宝します。注目成分、大豆ペプチドが含まれるため、脳と筋肉の疲労回復、免疫力のアップも期待できる、トップアスリートに人気の食材です。

毎年、北海道の実家から、土のついた香り豊かなじゃがいもが届きます。エネルギー源になるだけでなく、緊張やプレッシャーなどで失われやすいビタミンＣも豊富。夫の好物は、オリーブ油、にんにくを火にかけ、せん切りにしたじゃがいもにローズマリーを加えた白ワインビネガー炒め。我が家では、じゃがいもを使った料理は試合前にも必ず登場します。

【材料】2人分
じゃがいも　2～3個（300g程度）
玉ネギ　1/4個
合びき肉　50g
おから　50g
片栗粉　50g
シュレッドチーズ　ひとつかみ
油、塩、こしょう　適量

1　フライパンでひき肉とみじん切りにした玉ネギを炒めて冷ましておく。じゃがいもは皮ごと水からゆで、熱々のうちに皮をむき、木の棒などでつぶす。

2　ボウルに1とおから、チーズ、片栗粉、塩、こしょうを入れてよく混ぜ、一口大に丸める。

3　フライパンに多めの油を熱し、中火で転がしながらきつね色になるまで揚げ焼きにする。

みかんたっぷり 旬魚ソテーのみぞれのせ

北海道の母の実家のおそばは、大根おろしと細かく刻んだみかんの皮が少量添えてあり、夫婦でその美味しさに感動したことからレシピが生まれました。大根には食欲不振を改善する効果が。みかんは風邪予防に有効的な食材で、皮や中袋は食物繊維が豊富。白い筋にはビタミンPが含まれ毛細血管を強化してくれるので、丸ごといただきましょう。魚はスポーツ選手の必須食材。魚に含まれる注目のオメガ3脂肪酸は、集中力を持続させて体の動きにキレを生むなど、リカバリー効果が絶大。運動機能の向上が期待できるため、日常摂取がおすすめです。

— 回復力 — 体調を整える — 免疫力 — 脳の活性化 —

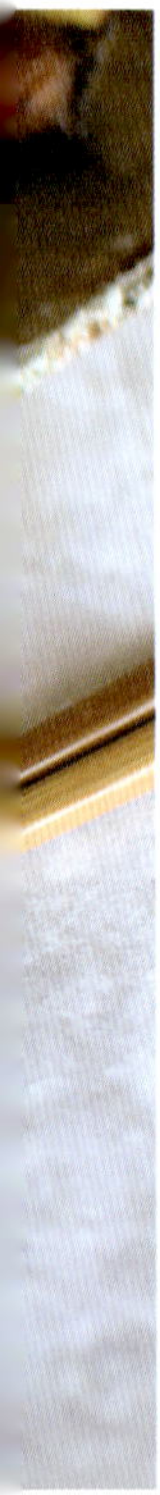

現在のスポーツ界では、オメガ３脂肪酸が非常に大切で、パフォーマンス向上の鍵を握ると言われています。ケガをすると患部に炎症が起こりますが、運動したり筋トレをしても体には炎症反応が出ます。この炎症を鎮めてくれる抗炎症作用こそが回復を早める要と考えられており、オメガ３脂肪酸にはその働きがあるため注目されているのです。さらに、ケガの予防に有効な理由としては、オメガ３脂肪酸が筋膜に蓄えられると柔軟性が増し、負荷への耐性が強くなることが言われています。オメガ３脂肪酸は、サッカー日本代表の合宿食に利用されるだけでなく、ヨーロッパの強豪チームの栄養指導でも重要視されています。

【材料】2人分
旬の魚（タラ、ブリ、真鯛など）　2切れ
大根　5cm 程度
小麦粉、みかんの皮、油　適量

◎合わせ調味料
しょう油、酒、はちみつ　各大さじ2
みかんの搾り汁　1個分

1　魚は一口大に切り、全体に小麦粉をまぶす。フライパンに多めの油を熱し、きつね色になるまで焼いて取り出す。

2　フライパンの余分な油を除き、合わせ調味料を入れて1分ほど中火で煮詰め、仕上げに1を絡ませる。食べる直前にすりおろした大根と、みじん切りにしたみかんの皮を混ぜ、魚の上にのせる。

アボカドとマグロのミラクルフードあえ

王道のアスリート食材を組み合わせた、切って混ぜるだけの一品。サラダのトッピングにもおすすめです。アボカドは「森のバター」と呼ばれ、筋肉の修復や回復を助けてくれるスーパーフード。不溶性と水溶性の食物繊維をバランスよく含み、体脂肪を減らしたい時にも重宝します。夫がアボカドを食べ始めたのはブラジル留学時代。現地の方の砂糖をふりかける食べ方を真似ていたのだとか。マグロには、高たんぱく低カロリーで鉄分が豊富な赤身と、脳を活性化させるオメガ3脂肪酸や脂溶性ビタミンが豊富な脂身（トロ）があります。体調に合わせて適量ずつ、摂りたい栄養素によって使い分けることが大切です。

— スタミナ — 体づくり — 回復力 — 体調を整える —

【材料】2人分
アボカド　1個
トマト、レモン　各1/2個
マグロのたたき　50g
キムチ　50g
クリームチーズ　大さじ2

1　アボカドはさいの目切り、トマト、レモン（皮ごと）、キムチ、クリームチーズは食べやすい大きさに切る。

2　ボウルにマグロと1を入れてざっくりと混ぜ、器に盛りつける。

エビと小松菜のカレー炒め　半熟卵添え

寒い時期に甘みや栄養価がアップする小松菜。骨を丈夫にするカルシウム、スタミナ維持に欠かせない鉄分（非ヘム鉄）やビタミンCなど、スポーツ時に不足しがちな栄養素が豊富です。高たんぱく低カロリーのエビやささみは、筋トレ時やケガの予防、リハビリ期に重宝する食材。カレー粉は抗炎症作用が優れているので、ケガや痛みがある時は積極的に活用しましょう。栄養価の高い卵は、とろりとした黄身が他の素材と絡むように半熟で添えます。ココナツオイルとカレー粉がきいた、南国テイストの一品。

― スタミナ ― 体づくり ― 回復力 ― 免疫力 ―

アスリートは大量の酸素を取り込み、多くのエネルギーを作り出す必要があります。抗酸化作用のある緑黄色野菜を摂取し、人が体内で作り出すことのできないカロテノイドを、体内に取り入れていくことが大切です。

【材料】2人分
鶏ささみ　2本
小松菜　1株
玉ネギ　1個
卵　1個
むきエビ　100g
しょう油、砂糖　各小さじ1
カレー粉　小さじ1/2
ココナツオイル　大さじ2

1　沸騰した湯の中に、包丁のかどで1カ所小さく穴をあけた卵を入れて5分ほどゆで、半熟卵を作る。

2　フライパンにココナツオイルを熱し、スライスした玉ネギをじっくり炒める。そぎ切りにした鶏ささみ、むきエビを入れ、色が変わるまで炒める。

3　2にしょう油、砂糖、カレー粉、一口大に切った小松菜を入れ、さっと炒めて火を止める。器に盛り、一口大に切った1の半熟卵を添える。

サンマときのこのペペロンチーノ

夫婦ともに、幼少期から変わらず朝食でいただいてきた焼き魚。特にサンマはなじみが深く、大根おろしを添えたりかんきつ類をキュッと搾ったりしながら、わたや血合い、皮まで残さずに食べていました。本格的に栄養の勉強をするようになった今、これが理にかなった食べ方だったことを実感しています。青背の魚は打撲やねんざなどのケガによる炎症を和らげ、カルシウムの吸収を助けるビタミンDも豊富。栄養豊富な皮ごといただくのがおすすめで、果汁などを加えれば、さらに栄養価が高まります。サンマはご飯のおかずの定番ですが、ここでは、白米と同様に素早くエネルギー源になってくれるパスタの具材に。食物繊維を含み、免疫力アップ効果もあるきのこを加えた、秋ならではのレシピです。

― スタミナ ― 脳の活性化 ― 回復力 ― 免疫力 ―

【材料】2人分
パスタ　200g
サンマ　2尾
きのこ（しめじなど）　100g
油揚げ　1枚
九条ネギ　1本
にんにく　1片
赤唐辛子　1本
みょうが　1個
すだち　1～2個
油、塩、こしょう　適量

◎ゆで汁
酒　50cc
塩　小さじ1
ローリエ　1枚
水　適量

1　サンマは頭を落として腹わたを取り、半分に切って洗う。鍋にゆで汁の材料を入れて沸かし、サンマを5分ほど中火でゆでて身をほぐす。その間にパスタもゆで始める。

2　フライパンに油、スライスしたにんにく、赤唐辛子を入れて火にかけ、香りが立ってきたら、フライパンの半分で油揚げを両面焼き、冷めたら細かく切る。もう半分で、きのこをさっとソテーし、火を止める。

3　ボウルにパスタ、サンマ、2、九条ネギの小口切り、みょうがのせん切りを入れてざっくりと混ぜ、最後にすだちを搾り、塩、こしょうで味を調える。

鮭と水菜の体グングンうどん

体を大きく成長させるために必要なカルシウムの強化レシピです。骨はたんぱく質（コラーゲン）の土台に、カルシウムが付着してできています。成長期のジュニア世代は特に意識して摂っていただきたい栄養素。乳製品や水菜に含まれるカルシウムが体内で利用されるには、桜エビに含まれるマグネシウムも重要です。また、鮭に含まれるビタミンDは「骨のビタミン」とも呼ばれ、カルシウムの吸収を助ける働きが。健やかな成長に欠かせない良質なたんぱく質やビタミンB群も豊富に含まれている食材です。

うどんとそば。栄養価が高いのはそばの方ですが、うどんの方が消化が良いのが特徴。試合直前に必要なエネルギーを考えるなら、食物繊維が少なく、素早くエネルギーとなるうどんが適しているでしょう。そばはトレーニング期のエネルギー源として優秀な食材。シーンに合わせて使い分けましょう。

【材料】2人分
うどん　2玉
水菜　100g
生鮭　2切れ
卵黄　2個
粉チーズ　大さじ2
豆乳、牛乳　各大さじ1
桜エビ　大さじ1
にんにく　1片
油、塩、こしょう　適量

1　フライパンに油を入れ、にんにくのみじん切りを炒め、生鮭を入れて火が通るまで焼く。

2　ボウルに長さ1cmに切った水菜、ゆでたうどん、焼いてほぐした1の鮭、牛乳、豆乳、粉チーズ、卵黄を入れて混ぜ合わせ、塩、こしょうで味を調える。器に盛り、桜エビをちらす。

アスリート的具だくさん豆乳鍋

肉や魚、豆腐や野菜などをバランスよく摂取でき、シメにご飯やうどんを加えれば炭水化物の補給も可能。鍋は一度にたくさんの栄養をいただくことができる素晴らしいメニューです。豆乳は植物性たんぱく質を、すり身、チーズ、豚肉は動物性たんぱく質を補給でき、これらは、骨、筋肉、血液などをつくる重要な栄養素です。アサリは持久力アップに欠かせない鉄分や、スポーツ時に意識して摂りたい疲労回復のタウリンが豊富。豚肉のビタミンB1やキムチのクエン酸は、じゃがいもに含まれる糖質の吸収を高めてくれます。

— スタミナ — 体づくり — 回復力 —

家族や友人と顔を合わせながら味わえて、コミュニケーションツールにもなる鍋。我が家では、郷土料理の石狩鍋をはじめ、パンチのある薬膳火鍋、スパイスから作るカレー鍋、トマトをふんだんに使ったイノシシ（ジビエ）鍋など、バリエーション豊かに具材や味付けを工夫して、試合後の団らんや栄養補給に大いに活用しています。

【材料】2～3人分
豚薄切り肉　100g
キムチ　100g
アサリ（砂抜きをする）　100g
魚のすり身（練り物）　100g
じゃがいも　2個
豆乳　400cc
水　200cc
にんにく　1片
白みそ、すりごま　各大さじ2
とろけるスライスチーズ　2枚
チンゲンサイなどお好きな旬野菜　適量
ごま油　適量

1　フライパンにごま油をひき、にんにくのみじん切りを入れ、香りが立ってきたら1cm角のじゃがいもを加えて炒める。あらかた火が通ったら、アサリ、キムチ、豚肉を加えて、アサリの口が少し開くくらいまで炒める。

2　1に豆乳と水を注ぎ、沸騰直前に白みそ、すりごま、チーズ、魚のすり身を加え、最後に野菜を入れて、さっと火を通したらできあがり。シメにご飯を入れて雑炊にしても。

はちみつ香る
栄養満点フルーツもち

故郷・北海道の特産品であるじゃがいもを使った「いももち」は、幼い頃からおやつとしても食べていた素朴な郷土料理。これをヒントに食物繊維が豊富なさつまいもや、甘酸っぱいりんご、ビタミンCが豊富な柿、疲労回復効果の高いはちみつとレモンをプラスしました。「毎日りんご1個で医者知らず」「柿が赤くなると医者は青くなる」といった言葉があるほど栄養満点のフルーツ。新聞連載時には、「子どもと一緒に作った」、「運動後の補食に重宝している」とお便りをいただきました。学校の先生や飲食店の方からも好評だった一品です。

【材料】2人分
さつまいも　1個
りんご　1個
柿　1個
レモン　1個
はちみつ　大さじ3
片栗粉　200g
ローリエ　1枚
油、水　適量

1　さつまいも、りんご、柿は薄くスライスし、レモンはくし切りにする。はちみつと共に鍋に入れ、かぶるくらいの水、ローリエを加えて柔らかくなるまで煮込む。

2　熱々のうちにボウルに移して、ローリエ、レモンを取り除き、木の棒などでつぶす。片栗粉を加えて全体を混ぜ合わせ、まとまるまで手でこねる。

3　2を適当な大きさに丸め、フライパンに油を熱し、両面を焼く。

タラとアサリのヨーグルト蒸し

体を活性化させるタウリンの豊富なアサリや、抗酸化作用の高いトマトやバジルの力も加わった、強力に体を守ってくれる一品です。タラに含まれるビタミンAには、のどや鼻の粘膜を保護してくれる効果が。高たんぱく低脂肪で、胃腸の弱い方にも最適。ビタミンCが豊富なブロッコリーと組み合わせることで、免疫力をさらに強化することができます。ソースに使用したヨーグルトは乳酸菌の力でインフルエンザ対策にも。ヨーグルトの効果を存分に発揮させるには一度にたくさん食べるのではなく、継続して摂取していくことが大切。白みその風味とヨーグルトの酸味がマッチしたこのソースは、真鯛や生鮭などとも相性が良く、サラダのドレッシングにもおすすめです。

ハードな練習による疲労の蓄積や、体脂肪の低さから、風邪をひきやすいアスリート。我が家では免疫力を高めるために、ヨーグルトをはじめ、納豆、みそ、甘酒、梅干し、チーズ、酢、ぬか漬け、キムチなどの発酵食品を積極的に摂取。体調を左右する腸内環境を整える努力をしています。

【材料】2人分
タラ　2切れ
ブロッコリー　1/2房
アサリ（砂抜きをする）　10個
ミニトマト　10個
にんにく　1片
バジル　2～3枚
油　少々

◎ヨーグルトソース（合わせておく）
無糖ヨーグルト　大さじ3
白みそ　大さじ2
はちみつ　小さじ1

1　クッキングシートに薄く油を塗り、タラ、アサリ、半分に切ったミニトマト、スライスしたにんにく、バジルをのせる。上からヨーグルトソースをかけ、包み込んだものを2セット作る。

2　10分ほど蒸したらできあがり。

卵とくずし豆腐のお餅スープ

練習や試合で消耗した体力を速やかに回復させるためには、消耗したエネルギーを再びチャージする炭水化物と、破壊された筋肉を修復するたんぱく質が、ポイントとなる栄養素です。また、大量の汗で失われた水分の補給も重要。みそ汁や鍋など、具だくさんにしてビタミン、ミネラルも取り込める、スープ類がおすすめです。このレシピは、炭水化物の餅、たんぱく質の卵、木綿豆腐、しらすを用い、さらに疲労回復のビタミンCやクエン酸が豊富なかんきつ類も加えた、水分たっぷりの一品。のりはビタミンB1を含み、糖質をエネルギーに変える大切な役割もあります。

【材料】2人分
だし汁　600cc
焼き餅　2個
木綿豆腐　1丁
卵　2個
しらす　ひとつかみ
刻みのり　ひとつかみ
ネギ　1/4本
レモンなどのかんきつ類　4枚
塩　小さじ1/2
しょう油　香りづけ程度

1　小鍋にだし汁を入れて沸騰したら、木綿豆腐を手でくずし入れて弱火で2分ほど温める。溶き卵をまわし入れてひとまわしし、塩、しょう油で味を調え火を止める。

2　器に焼き餅を入れ、1を注ぎ、しらす、刻みのり、ネギの小口切り、輪切りにしたかんきつ類を添える。

チンゲンサイとひじきの牛肉炒め卵あんかけ

試合前に不安定になりがちな神経を整えながら、運動時のスピードアップを目指したレシピです。チンゲンサイは、高まる緊張で失われがちなビタミンCを豊富に含む健康野菜。油やにんにく、赤唐辛子と一緒にさっと炒めることが、栄養の吸収を高めるポイントです。神経の興奮を抑えるカルシウムは、プレッシャーやイライラによりマグネシウムと一緒に消費されるため、セットで摂取することが重要。その両方をひじきやアーモンド、パルメザンチーズは豊富に含み、ここに卵のレシチンを加えることで、瞬発力アップが期待できます。牛モモ肉で激しい運動時に不足しがちな鉄分の補給も。さまざまな素材の香りとコクのある中華風の味わいに、ご飯もすすむ一品です。

— スタミナ — リラックス —

【材料】2人分
チンゲンサイ　2株
卵　2個
牛モモ肉　50g
乾燥ひじき（水で戻す）　10g
にんにく　1片
赤唐辛子　1本
水　100cc
オイスターソース　小さじ1
片栗粉、パルメザンチーズ、アーモンド粉
各大さじ1/2
塩　ひとつまみ
油　適量

1　フライパンに油をひき、にんにくのスライス、赤唐辛子を入れて火にかけ、香りが立ってきたら、一口大に切った牛肉やチンゲンサイ、ひじきを入れ、塩をひとつまみ入れてさっと炒めて取り出す。

2　1のフライパンに溶き卵を入れ、半熟スクランブルエッグを作ったら再び取り出す。あらかじめ混ぜておいた、水、オイスターソース、片栗粉を加え、とろみがついたら火を止める。

3　1を器に盛り、スクランブルエッグをのせ、2をまわしかける。仕上げにパルメザンチーズとアーモンド粉をトッピングする。

バランスアップのおでんきんちゃく

— 脳の活性化 — 体づくり — 回復力 —

たんぱく質に栄養が偏りがちのおでん。ビタミンやミネラルも意識した栄養強化のきんちゃくを加え、バランスを整えていきましょう。アボカドは栄養価に優れ、体を強力にサポートしてくれる食材。トマトはミニトマトの方が栄養価が高く、リコピンは良質の脂質がたっぷり含まれるアボカドと一緒に摂取すると、吸収率が高まります。牡蠣《かき》はアミノ酸の一種のタウリンやグリコーゲンが豊富な注目食材。脳の活性化や素早い疲労回復が期待できます。また、たんぱく質の合成をスムーズにしてくれる亜鉛も含有。筋トレ時にも最適です。

きんちゃくの具材には、【かぶ・かぶの葉・ひき肉・しそ・チーズ】や【うどん・梅干し・春菊・チーズ】などの組み合わせもおすすめ。栄養バランスが整い、美味しくいただくことができるバリエーションです。

【材料】4人分
だし汁　1ℓ
オイスターソース、はちみつ　各大さじ1
油揚げ（小揚げ）　6枚
塩　小さじ1

◎具材
アボカド　1個
牡蠣　6個
水菜　100g
ミニトマト　6個
スライスチーズ　4枚

1　大きめの鍋にだし汁を入れて火にかけ、沸騰したらオイスターソース、はちみつを加えて味を調える。

2　油揚げは半分に切って口を開き、適当な大きさに切った具材を適量詰めたものを12個作り、つまようじで口を留める。

3　1のおでん汁に2を入れて温め、具材に火が通ったらできあがり。

豆腐とフルーツの寒天ケーキ

— スタミナ — 回復力 — 体調を整える —

乳製品を使わずに仕上げた、華やかなケーキ。ホールでもカップでも、粉寒天を使って手軽に作れます。海藻が原料の寒天は水溶性食物繊維の宝庫。絹ごし豆腐はビタミンB群が豊富で集中力を高めたり、疲労回復に役立ちます。りんごは加熱するとペクチンの量が増加し、風邪で弱った粘膜を保護。栄養が豊富な皮も一緒に調理するのがおすすめです。いちごはコラーゲンの合成を促すため、夫の手術後やケガ回復期に積極的に利用していた食材。さらに、ブルーベリーのアントシアニンは、疲労による深視力（遠近感などを判断する目の力）の低下を抑える働きがあります。風味も格段に上がるので、たっぷり加えましょう。

ケーキのベースには、かんきつ類のジュースを使ったり、豆乳や牛乳にココアや抹茶を入れたり、お好みでアレンジを。ミキサーで拡散するので、フルーツにこだわらず、にんじんや枝豆など野菜ベースにしても◎。トッピングには、旬のフルーツやかぼちゃなどもおすすめです。底面に、くるみなどのナッツを砕いて敷き詰めると、より風味も栄養価もアップします。

【材料】3～4人分
◎下の土台
絹ごし豆腐　1丁
りんごジュース　150cc
いちご　10個
はちみつ　大さじ3～4
粉寒天　1袋（4g）

◎上のソース
さつまいも、りんご　各1/2個
ブルーベリー（乾燥）　ひとつかみ
りんごジュース　1カップ
はちみつ　大さじ1～2
粉寒天　1/2袋（2g）

◎飾り
ミントやいちご、食用花など　適量

1　ミキサーで下の土台の全ての材料を入れて30秒混ぜ、鍋に移して強火にかける。沸騰したら中火にし、3分ほど混ぜながら温め、大きめの型に流し込む。粗熱が取れたら冷蔵庫に入れて冷やし固める。

2　さつまいもとりんごは食べやすい大きさに切って鍋に入れ、さらにりんごジュース、はちみつを加えて柔らかくなるまで中火で煮込む。

3　2に、ブルーベリーと少量の水で溶いた粉寒天を加え、2分ほどかき混ぜて火を止め、冷ましてから1の土台の上にのせる。お好みで薄く切ったフルーツやミントを飾る。

※この分量で、写真のように1ホール（18cm タルト型）とデザートカップ2つ分が作れます。

骨つき肉のサムゲタン風

動物の骨や皮などに豊富なコラーゲンは、関節を丈夫にする役割があります。レモンのビタミンCはコラーゲンの生成に役立ち、靭帯《じんたい》や腱もつくるのでスポーツ選手の必須栄養素。長いもには、関節の痛みに効果的なグルコサミンやコンドロイチンが含まれ、抗酸化物質の豊富な菜の花や、オメガ3脂肪酸を含むめんたいこにも、炎症を抑える効果があります。骨つき肉はじっくり煮込むと、旨味だけでなくコラーゲンも煮汁に溶け出すため、スープごといただくのがコツ。軽い主食にもなるうれしい一品です。

ケガをしない体づくりには、骨や関節、靭帯や腱などの強化が大切です。関節に違和感がある時は、患部が炎症を起こしていることも。青背の魚に含まれるオメガ３脂肪酸や、緑黄色野菜などの抗酸化物質（ビタミンC、カロテン、ビタミンE、ポリフェノールなど）が炎症を鎮めるための重要な栄養素です。

【材料】2～3人分
鶏手羽（手羽元や手羽先） 6本
水 600cc
米 大さじ4
菜の花 3本
長いも 3cm程度
めんたいこ 半腹
にんにく、しょうが 各1片
レモン 1/4個

1 鍋に鶏手羽、大きめに切ったしょうがとつぶしたにんにく、米、水を入れ、具材が柔らかくなるまで水を足しながら30分ほど弱火で煮込む。

2 器に盛り、すりおろした長いもを上にかけて、下ゆでした菜の花、めんたいこをのせ、最後にレモンを搾ったらできあがり。

※煮込む時にセロリを入れると香り高くなり、リラックス効果やストレス解消にも役立ちます。

| 脳の活性化 | 回復力 | 体調を整える |

カラフル野菜たっぷり サンマの南蛮漬け風

唐辛子＋酢の効果で食欲を増進させてくれる南蛮漬け風に仕上げました。関節の炎症には、サンマ、アジ、イワシ、サバのような青背の魚や、にんじんやピーマンなど抗酸化作用のある色の濃い野菜の摂取が効果的です。

【材料】2人分
サンマ（三枚おろしにしたもの）　2尾
にんじん　1/2本
ピーマン　1/2個
セロリ　1/2個
赤唐辛子　1本
片栗粉、油　適量

◎つけ汁（合わせておく）
大根おろし　100g
酢　大さじ4
しょう油、砂糖　各大さじ2
しょうが（すりおろす）　少々

1　サンマを一口大に切って全体に片栗粉をまぶす。フライパンに2つに割った赤唐辛子、多めの油を入れて熱し、サンマを入れ、きつね色に揚げ焼きにして、取り出す。

2　1のフライパンで、細切りにしたにんじん、ピーマン、セロリを強火で炒める。炒め油ごとつけ汁の材料に入れて混ぜ合わせ、1のサンマを加える。

サンマとアサリの簡単パエリア

サンマはオメガ3脂肪酸、必須アミノ酸、ビタミンやミネラルがバランスよく含まれた食材です。すだちなどのかんきつ類はビタミンCやクエン酸が豊富で、香り成分にも心身の疲労を軽減してくれる効果が。サンマやアサリに含まれる鉄の吸収を高める役割もあります。

| スタミナ | 脳の活性化 |

【材料】2～3人分
米　2合
サンマの塩焼き　1尾
サフラン水かターメリック水　500cc
アサリ（砂抜きをする）　10個
ミニトマト　5個
にんにく　1片
すだち　1個
油、かいわれ大根、塩　適量

1　フライパンに油をひき、にんにくのみじん切りを入れて火にかける。香りが立ってきたら米を入れて透き通るまで炒め、サフランまたはターメリックを浸した水を400cc入れる。沸騰したらアサリ、半分に切ったミニトマト、適量の塩を入れてふたをし、弱火で10分加熱する。

2　ふたを開け、残りの水100ccを入れて強火にする。水気がなくなるまで炒めたら、塩で味を調えて火を止める。食べやすい大きさに切ったサンマ、細めのくし切りにしたすだち、かいわれ大根をのせたらできあがり。

| スタミナ | 回復力 | 免疫力 |

梨とごぼうのそば寿司

そばは腹持ちがよく、たんぱく質や必須アミノ酸も豊富な栄養価の高いエネルギー源。梨は皮に栄養が凝縮しているため、皮ごとの調理がおすすめです。ごぼうは食物繊維バランスの良い食材で、整腸作用が期待できます。

【材料】2人分
そば（乾麺） 50g
焼きのり 2枚
さけるチーズ 1本
ごぼう、きゅうり 各1/2本
梨 1/2個
しょう油 小さじ1
油 適量

1 ごぼうは斜め薄切り、梨は皮付きのままみじん切りにする。きゅうりは縦1/4に切り分け、チーズは手で細く割いておく。

2 フライパンに油を熱し、ごぼうと梨を炒め、仕上げにしょう油をまわし入れる。乾麺のそばは片方の端をたこ糸でしばる。少しかために湯がき、冷水にとってからよく水気を切る。

3 のりの上にそば、きゅうり、チーズ、炒めたごぼうと梨をのせて巻いたものを2本作り、一口大に切る。

根菜と鶏ささみの大豆入り和風パスタ

鶏ささみや大豆は高たんぱく低脂肪。筋力トレーニング前後に最適な食材です。れんこんは、筋肉増量時に必要なたんぱく質と一緒に摂取したいビタミンCが豊富。この栄養素の組み合わせは、肉離れなどのケガからの回復期にも利用できます。

【材料】2人分
パスタ　200g
鶏ささみ　2本
ごぼう　1本
大豆の水煮　100g
れんこん　100g
しょうが　1片
しょう油　大さじ4
砂糖　大さじ3
油　適量

1　フライパンに油を熱し、せん切りしょうが、細切りのれんこん、ささがきごぼうを入れ、全体に油がまわったら、大豆、そぎ切りにした鶏ささみを加え、肉の色が変わるまで炒める。

2　仕上げにしょう油、砂糖を加え、強火で１～２分炒めたら火を止め、ゆでたパスタに絡める。

| 体づくり | 回復力 |

| スタミナ | 回復力 | 体調を整える |

いろいろ根菜の白玉スープ

京都サンガサポーターの方と完成させた、食感が楽しめるアイデアスープです。かぼちゃ、ごぼう、れんこんなどの根菜類は、ビタミン、ミネラル、食物繊維が豊富。腸内環境を整え、免疫力のアップが期待できます。

【材料】2人分

かぼちゃ　1/8個
玉ネギ　1/2個
ごぼう　1/2個
しょうが、にんにく　各1片
油　適量

◎だんご
れんこん　100g
白玉粉　50g
塩　小さじ1/4
水　適量

◎スープ
水　400cc
ケチャップ　大さじ1
しょう油　小さじ1
塩、こしょう　適量

1　鍋に油、にんにくとしょうがのみじん切りを入れて火にかける。香りが立ってきたら、角切りのかぼちゃと玉ネギ、斜め薄切りにしたごぼうを加えて炒める。スープの材料を入れてふたをし、野菜が柔らかくなるまで煮込む。

2　ボウルに、れんこんの半量をすりおろし、残りをみじん切りにして入れ、白玉粉、塩、水を加えてよく混ぜ、だんごを10個ほど作る。

3　1に2のだんごを入れ、浮き上がってきたら1分ほどで火を止める。塩、こしょうで味を調える。

チーズと根菜のおかずケーキ

じゃがいものビタミンCは加熱しても壊れにくいのが特徴。運動時のエネルギー源になる糖質も豊富です。にんじんにはβ-カロテンが多く、目を保護したり、皮膚や粘膜を強化する働きが。油調理することで吸収率がアップします。

【材料】2人分
じゃがいも　3個
にんじん　1/2本
シュレッドチーズ　ひとつかみ
にんにく　1片
油、塩、こしょう　適量

1　じゃがいも、にんじんは、長さ3cmのせん切りにし、塩、こしょうを加えて混ぜる（お好みでオレガノやタイムなどのハーブを加えると更に風味がよくなる）。

2　フライパンに油、にんにくのスライスを入れて火にかける。1の半分量を入れてヘラなどで押し付けつけるように広げ、シュレッドチーズを中央にのせる。その上から1の残りをのせて広げ、押し付けながら片面がきつね色になるまで焼き、裏返してもう片面もこんがり焼く。

| スタミナ | 体調を整える | 免疫力 |

| 体づくり | 回復力 | 体調を整える |

豆腐つくねのポン照り丼

大学の講習会で学生さんと考案したレシピです。豆腐や鶏ひき肉は、消化吸収に優れ、胃が弱った時や、体力回復時の滋養食としてもおすすめ。しいたけには成長期に欠かせないビタミンDが含まれ、すりごまに豊富なカルシウムの吸収を促進させる働きもあります。

【材料】2人分
ご飯　茶わん2杯分

鶏ひき肉　150g	卵黄　2個
木綿豆腐　100g	しょうが　1片
にんじん　1/2本	ポン酢、すりごま　各大さじ1
ネギ　1/2本	はちみつ　大さじ1/2
しいたけ　3枚	油　適量
キャベツ　2枚	

1　ボウルに鶏ひき肉、水気を切った木綿豆腐、みじん切りにしたしょうが、ネギ、しいたけ、にんじんを加え（にんじんはあらかじめ電子レンジなどでやわらかくしておく）食べやすい大きさに丸める。

2　油を入れて熱したフライパンで両面を焼き、仕上げにポン酢とはちみつを入れ、とろみがついたら火を止める。

3　ご飯にキャベツのせん切りをのせ、2を盛りつける。すりごまをふり、中央に卵黄を落とす。

風邪の日のための熱々スープご飯

卵は消化がよく、たんぱく質やビタミンが豊富な食材。大根は古くから風邪症状やのどの痛みの軽減、せき止めに利用されてきました。にらは免疫力アップに役立ち、しょうがや長ネギは発汗を促してくれます。

【材料】2人分

ご飯　茶碗大盛り1杯分
水　800cc
大根　5cm
長ネギ　5cm
しょうが、にんにく　各1片
にら　1/2束
卵　1個
梅干し　1個
ポン酢　少々

1　フライパンに油を熱し、すりおろしたしょうがとにんにく、いちょう切りの大根、小口切りの長ネギ、手でちぎった梅干しの果肉を入れて炒め、大根が透き通ったら水を加えて煮る。

2　大根に火が通ったら溶き卵をまわし入れ、長さ2cmに切ったにらを入れ、ポン酢で味を調えて火を止める。

3　大きめの器にご飯をよそい、2をかける。

※土鍋によそい蓋をしておくと、ご飯がやわらかくなり、より食べやすくなります。

| 回復力 | 体調を整える | 免疫力 |

| 回復力 | 体調を整える | 免疫力 | リラックス |

薬味たっぷり牛肉炒め

脇役に思われがちな薬味ですが、栄養価は主役級。みょうがは口内炎やのどの痛みに有効的で、にんにくやネギは抗酸化力が高い食材です。セロリの香り成分は、肉や魚の臭み消しになるだけでなく、リラックス効果も。

【材料】2人分
牛モモ肉　200g
白髪ネギ　1/4本分
トマト　1個
みょうが　1/2個
セロリ　1/2本
にんにく　1片
ナンプラー、粒マスタード　各小さじ1/2
油、塩、こしょう　適量

1　牛肉は塩、こしょうをふっておく。フライパンに油、スライスしたにんにくを入れて火にかける。香りが立ってきたら食べやすい大きさに切った牛肉とトマト、輪切りにしたセロリを入れ、肉の色が変わるまで炒める。

2　ナンプラー、粒マスタードを加え、さっと炒めて火を止める。器に盛り、みょうがのせん切り、白髪ネギをトッピングする。

鶏ムネ肉のフルーツ焼き

栄養価に優れた旬の果物を使い、あっさりしたムネ肉をフルーティーに仕上げました。キウイや梨はたんぱく質分解酵素を多く含み、お肉を柔らかくすると共に消化も助けます。ぶどうは素早く疲労回復したい時に最適。

【材料】2人分
鶏ムネ肉　1枚
梨（ラ・フランス）　1個
キウイ　1/2個
ぶどう　5粒
にんにく　1片
油、塩、こしょう　適量
ピンクペッパー　適宜

1　鶏ムネ肉は食べやすい大きさに切り、あらかじめ塩、こしょうをふっておく。

2　ボウルに梨の半分とキウイをすりおろし、1とにんにくの薄切りを入れる。手でもみこみ、時間があれば20 ~ 30分なじませる。

3　フライパンに油をひき、2をきつね色になるまで焼く。残り半分の梨は角切りに、ぶどうは半分に切って仕上げに加え、しんなりしたら火を止める。仕上げにお好みでピンクペッパーをふる。

| スタミナ | 体づくり | 回復力 | 体調を整える |

白みその癒やしゆず大根

京風の白みそ雑煮をヒントに、北海道の雪景色をイメージしました。大根は加熱すると甘みが増し、ゆずの香りと共に、心身の癒やし食材になってくれます。豆乳は植物性のたんぱく質や鉄分が豊富。運動直後に補給する飲みものとしても重宝します。

【材料】2人分
大根　1/2本
ゆず　1/2個
豆乳　1カップ
だし汁　300cc
白みそ　大さじ2～3程度
かつお節　ひとつかみ

1　鍋に短冊切りにした大根を敷き詰め、上に薄くスライスしたゆずを並べる。だし汁と豆乳を注ぎ、大根が柔らかくなるまでゆっくり煮込む。

2　好みの濃さになるように白みそを溶き入れ、火を止める。器に盛り、かつお節をのせる。

みかんとりんごのみぞれ餅

エネルギー源となる餅を油で揚げてコクを出し、果実味豊かなつけ汁でいただきます。ビタミンやミネラルがたっぷりのフルーツと、糖質の消化や吸収を助け、胃腸の調子を整えてくれる大根おろしの組み合わせは、そばやうどんのトッピングにもおすすめ。

【材料】2人分
餅　4個
みかん　1個
りんご　1/4個
大根おろし　みかんと同量程度
油、塩　適量

◎つけ汁（合わせておく）
だし汁　1カップ
しょう油、みりん　各10cc

1　みかんは皮をむき、皮はみじん切りに。果肉も中袋ごと丁寧に刻む。りんごや大根は皮ごとすりおろし、みかんと一緒に混ぜ合わせる。

2　フライパンに多めの油を熱して餅を入れ、ぷくっと膨れるまで素揚げして取り出す。

3　器に温めたつけ汁をよそい、1を入れる。餅を浸していただく。

※甘いと感じる方は適量の塩を加えて調整ください。

| スタミナ | 体調を整える |

| スタミナ | 体調を整える | リラックス |

金時にんじんのあんかけがゆ

金時にんじんの赤色は抗酸化作用を発揮するリコピンの色素です。ゆり根の主成分はエネルギー源となる炭水化物で、筋肉の収縮と弛緩を調節するカリウムも豊富。かぶは胃もたれに効果があり、葉の栄養価も高いです。

【材料】3～4人分
ご飯　1合分
だし汁　800cc
金時にんじん　1本
ゆり根、小かぶ　各1個
合びき肉　100g
しょうが　1片
小かぶの葉、片栗粉、油、塩　適量

1　大きめの鍋にご飯、だし汁、すりおろした金時にんじんを入れ、10分ほど煮込む。

2　別のフライパンに油を熱し、せん切りにしたしょうが、ひき肉、さいの目に切った小かぶ、小かぶの葉を炒め、塩で味を調える。仕上げに水溶き片栗粉を加え、とろみがついたら火を止めて1にのせる。

小松菜とマグロのキムチ納豆丼

赤身マグロは高たんぱくでビタミンB6や鉄分が豊富。ビタミンB6はたんぱく質の合成を助け、筋肉痛を和らげます。ビタミンCが豊富な小松菜やゆずを合わせることで持久力もアップ。筋トレ時に役立つささみや納豆も加えた、満足感のあるどんぶりです。

【材料】2人分
ご飯　茶わん2杯分
赤身マグロ　100g
小松菜　50g
キムチ　50g
にんにくの芽　50g
鶏ささみ　2本
納豆　1パック
卵　1個
すりごま　大さじ1
しょう油、ゆずの皮　適量

1　小松菜、鶏ささみ、にんにくの芽はさっと湯がいて食べやすい大きさに切る。マグロも一口大に切る。ボウルにすべて入れ、ゆずの皮以外の残りの材料も加えてざっくりと混ぜ合わせる。

2　器にご飯をよそって1をのせ、仕上げにゆずの皮をちらす。

| スタミナ | 体づくり | 回復力 |

豚肉とすりおろしりんごのふわふわとろろ焼き

りんごは豚肉と相性がよく、我が家では王道の組み合わせです。きな粉は大豆の栄養素を効率よく摂取できる優秀なトッピング素材。青のりは瞬発力アップに欠かせないカルシウムとマグネシウムの両方を含んでいます。

【材料】2人分
豚モモ肉　200g
白菜　2～3枚
りんご　1個
長いも　100g程度
みそ、きな粉　各大さじ2
しょう油、青のり　各大さじ1
油　適量

1　ボウルにりんごと長いもをすりおろし、みそ、しょう油、きな粉を入れよくかき混ぜ、一口大に切った豚肉と白菜を15分ほど浸しておく。

2　フライパンに油を熱し1を入れ、豚肉の色が変わったら火を止める。器に盛り、青のりをふる。

ツナと納豆のスパニッシュオムレツ

卵は人間の体内では作り出すことができない必須アミノ酸がバランスよく含まれ、我が家では「一日卵1個」を習慣化しています。納豆には体を大きくするための栄養素が凝縮。成長ホルモンの分泌を促してくれます。

【材料】2人分
鶏ひき肉　200g
納豆　1パック
ツナ　1缶
卵　1個
しょうが　1片
菜の花　ひとつかみ
塩　小さじ1/2
すりごま　大さじ3
油　適量

1　ボウルに鶏ひき肉、納豆、ツナ、溶き卵、しょうがのすりおろし、塩、すりごま、一口大に切った菜の花を加えてざっくり混ぜる。

2　フライパンに油を熱し、1の生地を丸く流し込む。両面をきつね色に焼いたら火を止める。

| スタミナ | 体づくり | 免疫力 |

菜の花としらすのはっさくトースト

菜の花は運動時に必要な栄養がトップクラス。手早く炒めることでβ-カロテンの吸収率を高めます。しらすはオメガ3脂肪酸の摂取にお手軽。豊富なカルシウムは、かんきつ類と組み合わせると吸収率がアップします。

【材料】2人分

食パン　4枚	はっさく　2～3房
菜の花　50g	にんにく　1片
合びき肉　50g	トマト　1個
しらす　50g	赤唐辛子　1本

ナツメグ、油、塩、こしょう、クルミ　適量

◎ヨーグルトソース（合わせておく）
無糖ヨーグルト、マヨネーズ　各大さじ1

1　フライパンにオリーブ油をひき、にんにくのみじん切り、赤唐辛子を入れて火にかける。香りが立ってきたら小さく切った菜の花、しらすを加え、さっと炒めて取り出す。

2　1のフライパンで、ひき肉と小さく切ったトマトを入れて炒め、塩、こしょう、ナツメグをふって火を止める。1や刻んだクルミ、薄皮をむいたはっさくも加え、ざっくりと混ぜ合わせておく。

3　オーブントースターで焼いた食パンにヨーグルトソースを塗り、2を挟んだものを2つ作る。

手羽元とレモンのカレー風味

ねんざなどの靭帯《じんたい》損傷によるケガ回復に効果的な食材を組み合わせました。鶏の骨つき肉はコラーゲンが豊富。かんきつ類やキャベツなどに含まれるビタミンCと一緒に摂取すると吸収力が高まります。

【材料】2人分
手羽元　4本
トマト　1個
レモン　1/2個
キャベツ　1/4個
玉ネギ　1/4個
にんにく、しょうが　各1片
カレー粉、はちみつ　各小さじ1/2
油、塩、こしょう　適量

1　鍋に油、みじん切りにしたにんにく、しょうが、玉ネギを入れて炒め、しんなりしたら手羽元を加えて肉の色が変わるまで炒める。

2　1にくし切りのレモン、一口大に切ったトマトやキャベツ、カレー粉、はちみつを加え、塩、こしょうを強めにふってざっくりと混ぜる。ふたをして15分蒸す。

| 回復力 | 体調を整える |

ごはんとサッカーと、京都での日々。

～新聞連載コラムより～

京都新聞で連載されていた「山瀬理恵子のアス飯」。数々の栄養レシピは、サッカー選手である夫と4年間暮らした、京都の日々から生まれました。毎回レシピ横には短いコラムも掲載され、そこには、アスリートの日常生活や印象的な出来事、家族ゆえの心模様など、さまざまなことを自由に綴っていました。

うれしい時も苦しい時も「アス飯」とともに駆け抜けた、私の京都ダイアリーです。

2014年

4月8日　試合に向けて　ささげる日々

今年も美しい桜が咲き誇る季節がやってきました。柔らかな春の日差しと、たおやかな女性の着物姿。京都の街並みの美しさに触れる度に、ため息があふれます。

Jリーグが開幕して一カ月あまり。サッカーにささげるストイックな日々を送っています。京都サンガF.C.に所属する夫は、チームの中でも年長者で、今季は主将の重責を担ったこともあり、開幕前後は幾分緊張しているようにも見えました。プロ生活は15年目。試合に向けての食事や日常の決まり事など、1週間の流れは決まっており、夫婦間では「あうん」の呼吸となっています。

夕食は早めに済ませ、ぬるめのお湯に自然塩を入れ、40分程半身浴。ストレッチを1時間した後、夜食にフルーツを食べ、22時ごろには床についてたっぷり睡眠をとります。試合前に心がけているのは、夫の意向を最優先してもらうこと。緊張や不安、プレッシャーを感じやすい環境下でも、できるだけリラックスして過ごせるような空間づくりを目指しています。

4月15日　闘う家族へ　心を尽くす

勝負ごと。勝てば天国負ければ地獄。言い訳は通用せず結果が全て。明日の我が身は分からない。それが、プロスポーツの世界です。

実は以前、私は西京極（京都サンガのホームグラウンド）にさえサンガの観戦に行くことができない時期がありました。サッカー選手の夫はこれまで負傷も多く「またケガしたら」という不安。二人三脚で歩んできた責務や、思うようにプレーできない時期に抱く夫の苦しみを理解しており、目の当たりにするのが怖かったからです。

そんな時、サンガOBである森岡隆三さんの奥様がおっしゃってくださった言葉があります。「あとどれくらい走り回る姿を見られるか分からない中、どんなプレーも生で見て心に焼き付け、良い時もそうでない時も楽しんだ方がずっと素晴らしい」と。先輩から心の強さをいただき、背中を押してもらったのです。

闘いの場に身を置く夫に対し、私のするべきことはひとつ。全てを受け止め、心尽くしの温かいご飯を作って待つこと。

今日も大切な人が帰ってきてくれた、ありがとう、と笑顔で迎えることなのだと思います。

4月22日　幸せかみしめ　京都生活

新緑の季節です。緩やかに流れ行く花筏の真新しい記憶。はかなくも命絶える時まで、自身の存在やつやめきを川面に映し出すその姿に、桜の木こそ「もののあはれ」という言葉が似合うものはないと感じます。

私は北海道の農家に生まれました。水はいまだに湧き水のままで携帯電話が通じるようになったのも数年前。同郷の夫でもあまりの山奥に驚いたほどです。自給自足の生活。祖母が作ってくれた旬の野菜中心の素朴な料理を、今でも忘れることはできません。

移籍が多い夫の職業柄、埼玉、横浜、川崎と住まいを変え、初の西日本があこがれの京都でした。地元のおいしいものをたくさん食べようと、九条ネギや伏見とうがらし、水菜、賀茂なす、金時にんじんなど、我が家では京野菜を使った料理がたくさん登場します。

北海道とは気候や土壌が大きく異なり、京都の野菜は実家のものとはまるで異なります。これまで口にしたことのない食材に、夫とともに魅了される日々。幸せをかみしめながら、京都生活を楽しんでいます。

4月29日　栄養蓄えて　疲労回復を

いよいよ待ちに待ったゴールデンウイーク。京都サンガは本日から連戦を迎えます。選手としては、疲労を速やかに回復させながら、試合に臨むことが大事な時期になります。

夫が長年取り組んでいるのは、試合翌日にプールに入ること。水圧がポンプ効果となり、血液の流れを循環させたり、水の浮力で体をリラックスさせます。ゆっくりのジョギングで新陳代謝を促したり、冷水と温水に交互に入る交代浴を取り入れることも。サッカーブラジル代表が練習後に氷風呂に入る方法も参考にしながら試行錯誤しているそうです。

試合前の食事は、いかに体の中にエネルギーを蓄えるかがポイント。炭水化物を通常の2倍近く摂取し、糖質を効率よくエネルギーに変える役割を持つビタミンB1も一緒に補うように意識しています。その一方で、たんぱく質や消化に時間のかかる食物繊維、脂質などを、試合が近づくにつれて徐々に控えていくことを徹底しています。体内の巡りを良くすることも重要で、血流アップ食材を用いたり、パンチのあるレシピで食欲を落とさないよう努力しています。

5月27日　京の移ろい　見過ごさぬ

今年も夏の風物詩が鴨川にお目見えしました。涼しく心地よい床の上でくつろぐ人々の笑顔。まだ少し早いようにも感じられる風鈴の音色に耳を傾けていると、みずみずしい一本の線が緑の香りを乗せ、全身を巡っていくようです。

これまで、人生の全てをサッカーのためだけに費やして来た夫。まじめで、手を抜くことを知らない。常に全力投球なその生き方は、妻の私から見てもしばしば不器用に感じることさえありました。大きなケガをするたびに「この寿命を10年削ってもいい。今、サッカーがしたい」と言ってきた人。自分の命を何だと思っているのと怒ったこともありますが、幼い頃からの夢をかなえ、それほどまでに没頭できる、かけがえのないものを持っている夫を、うらやましくも思います。

流れが滞ってしまった時、私の言葉が夫に届くことはあるのでしょうか。しんどい時にこそ、必ず伝えるようにしています。この素晴らしい京都の街の風景や、四季折々の季節の移ろいを、決して見過ごすことのないように。どんなに苦しい時も、明日になれば、太陽は必ず昇ってくれるのだからと。

6月3日　サプライズ挙式に感激

京都へ来たばかりの頃、ポストに1枚の紙が入っていました。そこには夫のプレー写真とともに「ようこそ京都へ！　ものづくりの会メンバーが山瀬さんを歓迎しています。一緒にご飯でもどうでしょう?」との言葉が。突然のお誘いに驚きましたが、それをきっかけに経営者でつくる「京都試作ネット」（京都のものづくりの会社が集うネットワーク）の皆さんとお知り合いになりました。

食事会などを通じて仲良くなった1月、京都試作ネットの方々からお茶会に誘われました。夫と顔を出してみると、なんとサプライズの結婚式を用意してくれていたのです。11年前、夫のケガで式を挙げることができなかったことを知った皆さんが、私だけに内緒で挙式の準備を進めてくれて

いました。感激のあまり、号泣してしまったのは言うまでもありません。

今でも京都試作ネットの皆さんからは多くを学んでいます。中でも心に響いた、ある会社の社長さんの言葉があります。「自分に起こる全ての出来事は自分のため。強烈な失敗は成功の源。必要なのは根拠のない自信。次にそれを裏付ける努力」。人生は良いことばかりではありません。夫や自分と重ね合わせ、どんな時も下を向いてはならないと誓っています。

8月19日　五感高揚　バレエに熱中

今年も五山の送り火が、京の街を静かに照らしました。夏の終わりも告げているようで、少し寂しさを覚えます。

私は今、秋の舞台に向けてクラシックバレエの練習に励んでいます。大人になってから始め、曲や動作の意味などすべて理解しているとは言い難いのですが、ピアノやオーケストラの音楽に合わせ、指先まで神経を巡らせ全身で表現していると、高揚感で満たされます。もっと高く、もっと遠くへ飛んでみたい。それは、これまで味わったことのない感覚で、早朝に道端で練習した時は、足を思い切り振り上げ、靴が道路の白線まで飛んでしまったことも。気持ちが先走り、上手に踊れず落ち込んだり、無理をしてケガしたこともありました。

これほどまでに魅了されるのは、バレエは五感の全てを使いきる極めて芸術的なスポーツだからでしょう。音楽に身を任せて舞う姿は、楽譜上を鮮やかに飛びはねる音符のよう。沈むことも、休むことも、躍動することもあり、最後には一小節に収まります。時をつなぎ、刻んでいくその様は人生と同じ。どの一生も、甲乙をつけることなどできない素晴らしい演目だと思います。

9月9日　困難　乗り越えて感謝に

重陽の節句。今宵《こよい》は麗しの月を背に、菊の花びらを浮かべた日本酒を。色鮮やかな菊の香りやそこはかとない世界を堪能しようと思います。

夫は過去に選手生命を脅かす前十字靭帯《じんたい》断裂を2度経験しました。その後も半月板損傷、内側側副靭帯損傷、椎間板ヘルニア、足底筋膜炎、グロインペイン。選手生命に関わる、4度の全身麻酔による手術だけでなく、長期離脱を余儀なくされるケガを何度も繰り返しました。

やっと復帰したと思っても、運に突き放されるようにして、いとも簡単に訪れる選手生命の危機。椎間板ヘルニアを患った時は、痛みで歩くことすらできなくなりました。普段の生活さえもままならないのです。「なぜ夫だけがこんな目に」。どうにかして治したい、これ以上絶対にケガをさせたくないと、書店の栄養や医学コーナーの棚を空にする勢いで専門書を購入し、寝る間も惜しんで勉強し続けました。

落ち込みの激しい私とは対照的に、淡々としている夫。「どうして？」とたずねてみても「落ち込んだってケガが治るわけではない。大好きなサッカーができる日を信じて前に進む。それだけのことだよ」。がむしゃらになりながら苦しい時間を懸命に乗り越えていくと、「今ここに命がある」。それだけで、幸せと感謝の気持ちがあふれてくるようになりました。

9月17日　母の励まし　夢への糧に

9月16日は私の37回目の誕生日でした。名付け親は父で、「理」という字にはよく学び、賢くという願いが込められていたようですが、兄や姉とは違い、幼い頃から、情けなくなるほど不器用な人間でした。

幼稚園では1人だけ簡単な踊りができずに大泣き。工作ではとんでもないところからはさみを入れてしまう。突拍子も無い行動で先生を困らせていたようです。行事前は決まって高熱を出し、家族の農作業を手伝いに畑に行けば、到着して5分足らずでトラックから転落し、手首を折ったことも。

落ち込みかける度に母は「あなたはできない人の気持ちを誰よりも理解しているでしょう。努力し続ければ、必ずできるようになってきたこと、忘れてはいけないよ。今後も一生懸命に生きて、それを皆に伝えなさい」と励ましてくれました。

幼少期から、うまく言葉にできない時はいつも文字に起こしていました。当時から「ものを書く仕事をしてみたい」と言っていたそうです。その夢を愛する街の新聞社でかなえられたことはこれ以上ない幸せです。

9月23日　海外試合　工夫さまざま

秋分。朝晩は少し冷え込み、秋空が高く広がるようになりました。スポーツではアジア大会が開幕。夫の経験上、海外での試合に臨む場合は、体調管理や食事面などが普段とは大きく異なり、いつも以上に気を使います。

気候の変化や時差などを調整するため、空いた時間はできるだけ外へ繰り出し、現地の空気に触れ、体をならすよう心がけます。飛行機の中ではマスク着用を徹底し、乾燥した地域では、ホテルの浴槽に水を張るなどして湿度を調整。不眠にならないよう、普段使っているアロマ精油でセルフマッサージも。精油はティッシュに数滴落とすだけで芳香浴にも使えます。

小説やバスソルト、ハーブのティーバッグなど、普段使い慣れたリラックスができるグッズも持参しています。現地の食事が口に合わず、栄養を満足に摂取できなくなることを避けるため、料理同士を合体させておいしく食べる工夫や、しょう油などの日本の調味料をふりかけていただくことも。また、手軽に栄養価をあげるため、すりごまやナッツ類を砕いて、その時々の料理にトッピングすることも心がけているのだとか。夫だけでなく、アスリートは皆、異国でも存分な力を発揮するために、様々な工夫をしています。

10月7日　たまに好物　明日への力

凛《りん》とした空気漂う台所。毎朝4時には起き、同じ大きな鍋で昆布とかつお節のだしをとります。顔をかすめる湯気のゆらぎ道をたどるのが、一日の始まりの合図。繰り返しにも思える当たり前の1秒は、何重もの層となって積み重なっていきます。

健康の基本は「運動」「栄養」「休養」。体が資本のアスリートはこれらに最大限気を配りながら生活しています。消費エネルギーが激しく、練習や試合で消耗したエネルギーや栄養を補わなければ、ケガの要因になりかねません。バランスの良い食事と同時に、目的意識を持つことも大切。年齢や競技に見合った食事ができているか。試合期、疲労回復期、減量期など、自分の状況を見極める作業も必要です。

脂質や甘いもののとり過ぎにも注意。ビタミンやミネラルが豊富なフルーツは積極的に摂取するのがおすすめ。ストイックになり過ぎて好きなものを我慢し続けたり、栄養があるからといって嫌いなものばかりを食べることはストレスにつながります。たまには好きなものも食べ、明日への活力に。小さな積み重ねでも、継続は力なり。後に大きな土台となり、未来を支えてくれることでしょう。

10月28日　緊張の初舞台　一生の宝

スポーツや芸術が真っ盛りの秋。先日、大津市の琵琶湖ホールで、通っているバレエスクールの発表会があり、私も「白鳥の湖」全幕に出演しました。

主な登場場面は第3幕の王宮舞踏会。背格好が似ているとの理由から、同じスクールに通う先輩で京都サンガOB・森岡隆三さんの奥様と対で踊ることになりました。ともに初舞台。衣装やメイクもスタッフの力を借りながら手作りしていくため、全てをさらけ出し、励まし合いながら練習する日々。舞台が近づくにつれ足が震え、顔もこわばるようになりました。

そんな時、夫が「サッカー選手として現役を15年も続けていても試合は緊張するもの。失敗しないようにと思うのではなく、楽しむ気持ちで臨んでごらん」と。そのおかげで本番では、これまでにない躍動感と喜びを感じながら踊ることができました。舞台終了後、先輩から「いつも頑張りましょうね！と声をかけて引っ張ってくれて本当にありがとう！一緒に出演できたこと、最高の感動で宝物です！」とのメールをもらい、思わず涙があふれました。この経験は、私にとっても一生の宝物であり、かけがえのない青春です。

11月26日　プロスポーツ界は紙一重

紙一重。広辞苑には「紙一枚の厚さほどのわずかなへだたり」とあります。プロスポーツの世界は、まさにこの言葉の上にあると感じます。結果によって生活の全てが一変し、あらゆる感情などいとも簡単に流されていく日々。夫は現役15年目。勝つか負けるか究極の世界で、サッカー一筋の生活は人生を凝縮したドラマのようです。

明日、同じメンバーで過ごせるのかも分からない。大ケガをして、突然引退することだってあるかもしれません。そんな中だからこそ、一緒に戦う仲間と分かり合える感情も、つないでいく絆もあると思います。

夫とともに生き、分かったことがあります。世の中のすべての出来事には、必ず意味があるということ。人は辛い時、自分がこの世で1番不幸だと思いがちです。私自身そんな時期がありました。しかし、負けずに前へ進んでいくと、後に必ず大きな財産となって自分に返ってくることを学びました。

京都サンガの1年が終わろうとしています。どんなに辛く、苦しいことがあっても下を向きません。雲の切れ間を信じて歩きます。

2015年

1月14日　離れていても空はひとつ

耳がまるで風の通り道を知らせるかのように紅潮し、マフラーですっぽり顔を覆いたくなるのは、単に寒さが厳しくなったからだけでしょうか。

この時期のサッカークラブは新加入、移籍、そして解雇の発表が相次ぎます。夫がその渦中に入ることもあれば、仲間の動向を静かに見守ることしかできない時も。どんなに素晴らしい結果や関係性を築いても、人生と同じでいつか終わりと別れは訪れます。

現役16年目を迎える夫の移籍で全国を転々とし、過去の出来事を悔いたり、伝えたかった感謝を言葉にできなかったことも、ただただ一人涙を流したこともあります。そんな年月を重ねていくにつれ、一期一会を重んじるようになりました。

当たり前に思える生活は奇跡のつながりから。広い世界で巡り逢えた仲間と、一秒でも笑顔を共有する時間を。本当に相手を「想う」とは、自分の心を置き去りにしても、行く先での活躍と幸せを願うことなのだと思います。離れていても見上げる空は一つ。寂しくなったらいつでも連絡をください。何があっても、私はあなたの味方ですと、心より伝えたいと思います。

2月3日　こぶしの花のように

寒さは厳しいですが、明日は立春。マンションのこぶしの木は、小さな毛皮のコートを着た花芽。日本名作童話の神沢利子さん作「春のくまたち」では、冬ごもりを終えたお母さんぐまがこぶしの花を食べ、子ぐまたちにも木上から花を落としてあげるシーンが。「おや、空に一つ、たべのこしの花。それは白いひるのお月さまです」。こぶしの木を見上げる度にこの一節を思い出し、まだ見ぬ記憶に喜びを重ねています。

先日、京都サンガ選手の奥さんたちが集まって、移籍する家族の送別会を開きました。スポーツ選手の奥さんは、どのように見えているのでしょう。華やかな世界だと思われるかもしれませんが、そんなことはありません。私がこれまで出会った方は皆、人間臭く情に熱く、泣き笑い、地道な努

力を重ねながら懸命に生きています。

ジェットコースターのような大きなうねりの中で、瞬発的な喜びも多い世界ですが、陰も深く、すべてを投げ出したくなるような辛い思いをしたこともたくさんあります。しかし、私は思います。

例え傷つくことがあったとしても、他の誰かの痛みが分かるようになったり、優しくなれることもあるのだと。毎年、見返りを求めることなく咲き誇り、人々に幸せを運んでくれる、あの、こぶしの花のように。

2月10日　合宿食事　工夫さまざま

フキノトウやタラの芽などのうぐいす色が早春を告げる中、京都サンガは本日から鹿児島合宿がスタートしました。起床から就寝までサッカーだけに集中する濃厚でハードな日々が始まります。

練習試合を繰り返し、プレーの連係や体力アップはもちろんのこと、選手のコミュニケーションを深めるためにも重要な場。宿泊先は温泉地で、心身共に裸の付き合いをすることで、互いの性格やライフスタイルを理解していきます。

食事は和洋中、様々なジャンルの料理が用意されます。白米やパスタ、みそ汁やポタージュといったように、選手自らが体調や運動量に見合った食事を選択できるようになっています。同じ釜の飯を食べていると、バジルのパスタに納豆をかけて食べる選手がいたり、食べ終わるのがいつも遅い選手がいたり。夫のようにきゅうりが食べられないといった好き嫌いも分かり、食習慣を垣間見られることも楽しいのだとか。

夜食には、おにぎりやサンドイッチ、フルーツが用意されます。ハードな練習に耐え、翌日に疲れを残さず、ケガを予防するための様々な工夫がなされているのです。

2月24日　食材厳選　復帰サポート

昨季終盤に股関節の筋挫傷と診断された夫が、３カ月のリハビリを経て復帰しました。京都サンガの鹿児島キャンプで練習試合に出場できるまでに回復。一安心ですが、今回は予測できずにケガをしてしまった場合の食材選びや食事について記したいと思います。

夫が前十字靭帯《じんたい》断裂をした当時は、コラーゲン、コンドロイチン、グルコサミンなどの摂取を徹底。ケガの炎症を抑える青背の魚を緑黄色野菜と一緒にとる一方、炎症を助長する恐れのある肉の脂身はカット。抗炎症作用と血行促進効果を期待してしょうがやアーモンドなどのナッツ類もとり、高たんぱくのエビ、イカ、タコや手羽先、手羽元などの骨つき肉には、ビタミンCの豊富なレモンを加えるなどの工夫をこらしました。間食にフルーツも常備しました。

　致命的なケガの連続だった夫がまだ現役でいることは奇跡に思えます。当時は復帰に向け手探りの日々でした。時を経ないと分からないこともありますが、「夫が今でもサッカーをしている」。この事実こそが、大切な何かを物語っている気がしてならないのです。

3月3日　繊細な生活　支えた2年

夫の京都サンガへの移籍が決まったちょうど2年前、今のマンションに決めたのは、バルコニーが広かったことと、リビングの隅に懐かしいタイルの敷かれた秘密の小部屋があったから。窓の外には琵琶湖疏水が流れ、手を伸ばすと届きそうなところに、空に向かって連なる桜のつぼみ。その変わりゆく姿を毎日観察し、静かに思っていたことがあります。

　プロ選手の世界は結果が全て。飛躍する時は注目も一気に集まりますが、そうでなくなった途端に人は去り、存在すらもなかったかのように。目立たなくても、うまくいかなかったとしても、選手の生活や思いは何ら変わってはいないのです。

　次の試合に向け、練習から帰宅しても、コンディション管理に神経を巡らし、せき払い一つでも、風邪をひいたのではないかと緊張感が走るような、あまりに繊細で一心不乱な日々。花は咲き誇っている時だけが美しいのでしょうか。例え散って無くなったとしても、誰かの記憶の片隅に残り、心の支えになると私は信じています。いよいよこの週末にＪリーグが開幕します。夫の今この瞬間を全て受け止め、力の限りサポートしたいと思います。

3月24日　かんきつ系飲料で疲労回復

春の風物詩・センバツ高校野球が始まりました。暖かく外で体を動かしやすくなる季節。今回はスポーツ選手が素早く疲労を回復させるための工夫を紹介します。

　練習や試合直後は、30分以内に失われた栄養素を補給することが疲労回復の鍵を握ると言われ、手軽なものだと１００％オレンジジュースなどかんきつ系の飲料がおすすめ。運動で損傷した筋肉や腱《けん》を修復するためには、炭水化物とたんぱく質の摂取が重要です。試合後の夕食は2時間以内にたんぱく質を中心としたバランスの良い食事を。ご飯や麺類、野菜や果物もたっぷりと。みそ汁やスープで水分を補給します。

アウェーで帰宅までに時間のかかる場合は、移動中の車内でおにぎりやお弁当を1度補給。帰宅後、肉や魚、野菜や果物をいただきます。ナイターの場合は帰宅時間が遅くなるため、消化の良い鍋料理や雑炊、蒸し物などを出しています。

夫の場合、試合結果にかかわらず、しばらくは神経が興奮状態にあり、真夜中まで眠れないことがほとんど。ハーブティーを飲んだりアロマ精油で芳香浴したり、リラックスできる環境づくりを心がけています。

6月2日　節制のご褒美は和菓子

青葉、青空、ほとばしる命が巡り会う季節。陽炎《かげろう》の先に揺らぐ半袖姿。洗い立ての白色が太陽に透けるほどまぶしく、目を奪われる度に身体ごと空に吸い込まれそうです。

先日、京都市の老舗和菓子店で和菓子作りを見学してきました。熟練の職人さんの真剣なまなざし。みるみるうちに作品ができ上がっていく様を眺めながら、職人さんの向こうに北海道の祖母の姿を見ていました。

季節の行事の度に、畑でとれた小豆でようかんを手作りしてくれたこと。型に流し入れる時、小豆あんの上に白あんを流し入れ、箸で波形に混ぜ、切った時に美しくなるように工夫していたこと。台所で隣に寄り添い、ちょっといびつなおはぎに祖母と笑い合った、あの時間を。

普段節制しているアスリートは頑張ったご褒美としてスイーツをいただくこともあります。京都サンガの試合前軽食では、みたらし団子やおはぎが用意され、夫はそれをいつも楽しみにしているそう。京都へ来てから夫婦ともども、これまでの概念が覆されるほど芸術的な輝きを放つ和菓子の美しさに魅了され、そのおいしさに感動する日々です。

11月3日　夫の覚悟　見届けたい

山瀬功治。彼が19歳の頃からそばにいて、ボールを追う背中を見続けてきました。大ケガなどで何度、窮地に立たされても逆境をはねのけてきた人。ごまかしどころか一点の曇りもなく「自分に限界を作らない」といった強い信念を持っています。ただひたすら真っすぐに。ベテランになり、自身の経験を下の世代に伝えるというところへ変化させてほしい。どうしてもっと上手な生き方ができないの?と伝えたこともありました。

その時「5歳から始めたサッカー。もう細胞の一部です。ピッチで息絶えるのなら本望。他の何がどうなっても構わない。これだけは自分の思った通りにさせてほしい」と。いつか訪れる現役引退の話をした時も「もしやめる時がきたら、翌朝、起きられる自信がない」。プロサッカー選手でなくなることに本気で恐怖を抱いている姿。夫の肩が小刻みに震えているのを目にした時、私は一体、何を見てきたのだろうと。その覚悟に心を打たれ、涙が頬を伝っていきました。

年齢を重ね、思うようにプレーができなくなってきたかもしれません。しかし「命燃え尽きるまで」。たとえ評価されなくとも、空は見ています。その生きざまを、心尽くしの料理で支えながら、最後の時まで見届けたいと思います。

12月1日　講師務め　さわやかな時間

鮮烈な記憶の始まりは、一通の手紙から。先日、宇治市の莵道《とどう》高校で運動部の生徒さん向けに栄養講習の講師を務めさせていただきました。依頼のお便りをくださったのは、同高サッカー部の顧問の先生でした。

いわく、高校へ進学し、運動量の違いからケガをする生徒が増えたことを懸念されているとか。生徒や保護者の方々に、試合前や練習後に最適な食事について講演し、また、選手を支えるマネジャーと一緒に実際に調理もしてほしいと。マネジャーさんはその後、学んだ知識や一品を保護者の皆さんに披露する、とのことでした。

素晴らしい試みだと思い、ぜひやらせてくださいとお引き受けしました。1時間の栄養講習はサッカー部のみならず、野球部の保護者の皆さんや両部のマネジャーも参加されました。私はこれまで「アス飯」で出したレシピをスクリーンに映し、具体例を挙げて説明。調理実習では急きょ、ボク

シング部の男子生徒さんも加わり、栄養丼ぶりを2品作り、全員でおいしくいただきました。（レシピはP10に掲載）

文武両道。「さとく・さやかに・たくましく」の校訓のごとく、はつらつとした生徒さんの姿。若き日の自身と重ね合わせ、これから美しく染まっていく未来に目を細めています。

２０１６年

1月19日　基礎を養い　夢へ挑戦を

いよいよ京都サンガの新シーズンが始まりました。本格的な筋力トレーニングや走り込みも行うハードな日々ですが、これが1年を戦う基礎となります。筋力トレーニングでは、いったん筋繊維を破壊。食事で傷ついた筋肉の材料を補給します。しっかりと睡眠をとって成長ホルモンを分泌させることで、より頑丈な身体ができあがるのです。

今季、夫はプロ17年目に突入しました。チーム内で最高齢となり、若き日は自然にできていたプレーも、年齢とともに出力が低下するイメージや、瞬時の動作が遅れるような感覚を覚えたとか。それらをカバーするため、局所ではなく身体全体を使えるよう意識し、無駄を省き、効率良く筋肉や関節を動かすトレーニングを追求しているそうです。

昨季から大幅に入れ替わったチームメートに対し、「コミュニケーションが大切。たわいのない声かけや会話を続けることで、相手の方から飛び込んで来やすい環境をつくり、自身の壁も取り払っていきたい」とも。

スポーツ選手だけでなく、人間、どこにいても、いくつになってもチャレンジはできます。すべての人が夢や志に向かって、大空を飛び回れる1年となりますように。

2月2日　苦労を重ねて今がある

京都サンガで育った選手の活躍もあり、サッカー男子のリオ五輪出場が決まりました。飛躍する若き仲間の姿に鼓舞されると同時に、フラッシュバックした陰影があります。

夫の山瀬功治も各世代の日本代表でした。しかし、２００２年に前十字靭帯《じんたい》を断裂。復帰後、思い描いたプレーができず、もがき苦しんだ日々を送りました。「ケガさえなければ」。過去の華々しい記憶は執着に変わり、私の脳裏をかき乱しました。

代表に残っているかどうか、選考発表の度に精神は極限状態に。04年アテネ五輪の代表候補にも名を連ねていましたが、本大会直前で落選。復帰しかけた直後、再び前十字靭帯を断裂しました。

運命に容赦などなく、積み上げたものはことごとく崩れ去りました。辛いリハビリが続きましたが、得たものもあります。それは、ただボールを蹴ることができる日常が幸せに感じるということ。度重なる挫折を乗り越えることでしか、前に進む選択肢のなかった夫の復活劇を支えたものでもあります。

暗闇で培った不屈の志は年をとるごとに輝きを増し、衰えることがありません。苦労を重ねたからこそ今がある。「一時の屈は万世の伸なり」。この言葉の意味をかみしめています。

2月16日　栄養講習が…　夫婦漫談に

先月末に催された京都サンガのファン感謝デーで「アス飯　サンガエディション」と題した栄養講習会の講師を務めさせていただきました。その名の通り、この連載がきっかけとなって生まれた企画です。

昨年、さまざまな人の力をお借りしようと打ち出した「出逢ったからには連帯責任」という言葉。レシピ考案や動画（京都新聞HPにて掲載）の収録でサポーターの方々との共演が実現したように、人から人へと「アス飯パワー」が広がり続けています。

ファン感謝デーは2千人を超える来場者で大にぎわい。自らを真っ白な模造紙に例え、会場で何を描くかを決めようと自由な気持ちで挑みました。サプライズとして夫を「アス飯ゼミ理事長」に起用。きちょうめんな夫と細かいことにはあまりこだわらない私。真逆な性格からくる私生活の暴露のしあいで、時には栄養の話から脱線し、夫婦漫談をお見せすることになりました。

夫は試合よりも緊張したそうですが、立ち見の方がおられたほど盛り上がった一日。サンガからのオファーで実現した企画でしたが、こんな風に夫婦でとっぴな運命を笑い合い、流れに身を委ねるのも良いのかなと。木の芽風に吹かれながら、思いがけない日々を振り返っています。

3月29日　数えきれない支え　感謝

前節、古巣でもある北海道コンサドーレ札幌との一戦でＪ１、Ｊ２通算４００試合出場を達成した夫。おめでとうと伝えると「関わりを持ったすべての人のおかげ。それしか言いようがない」と、心からの感謝を口にしました。

大けがなどで戦列離脱することも多く、そのたびに「サッカーができない自分は死んでいるのと同じ」。強烈な言葉で自身に襲いかかる暗闇と闘いながら、どんな状況下にあっても決して下を向かなかった、未来を信じ、前だけを向いて努力を続けた人です。

不死鳥のような復活劇の裏には、ドクターやトレーナーをはじめとするチームスタッフ、どんな時も味方でいてくれた仲間、家中が千羽鶴で埋め尽くされたほど祈りをささげ、励ましてくれたサポーターの皆さんの存在がありました。数えきれない支えのどれ一つが欠けても達成できなかったということを、私に強く伝えたかったのだと思います。

妻である私もサポーターであり、ひとりの人間。試合結果に一喜一憂しないと決めつつ、つい弱さが出てしまうことも。そんな時はいつも、夫がどうしてきたかを思い出すのです。台所で清々《すがすが》しく奏でる凛《りん》とした包丁の音を取り戻すために。

5月10日　サッカー人生　一番の輝き

サッカーにおいて最も目立ち、主役になれると言われる瞬間はおそらく「ゴール」でしょう。３日に西京極であった第11節の清水エスパルス戦。夫の山瀬功治がペナルティーエリア外から真骨頂とも言える強烈なミドルシュートでゴールネットを揺らしました。

「昔は他のことをおろそかにしてでも点を取ることだけを考えていた」と夫。現役生活18年。近年は加齢によるパフォーマンス衰退という壁にぶつかり、脳内イメージと身体とのアンバランスさに心をかき乱され、葛藤する姿をずっと側で見てきました。

「今でも常に点を取りたいという欲求はある。思うように動けなくなった自分自身への悔しさももちろんあるけれど、今だからこそできるようになった献身的なプレーは全てチームの勝利のため。それが少しでもプラスになるのであれば、例え地味な脇役のプレーだったとしても、今の自分の最高の喜びであり誇り。だけどやっぱりこの間みたいなプレーが根本にあるのかな。これがオレだぞ！って」と、はにかんだ笑顔を見せてくれました。

これまでのサッカー人生で、彼が一番輝いて見えた瞬間です。

7月20日　幼少期食事　体のベース

今月10日に西京極であった京都サンガー群馬戦に合わせ、サポーターの皆様向けに、アス飯栄養講習会が初開催され、私が講師を務めさせていただきました。

11歳から68歳の方まで男女問わず幅広くご参加いただき、スポーツ選手に必要な栄養素などについて説明させていただきましたが、いま一度、皆様にお伝えしたいのは、何よりも「健康」であってほしいということ。

睡眠をしっかりとり、一回の食事をおろそかにしないように。極論、健康でさえあれば、何だってできます。夫はトレーナーの方と話す中で、「選手の栄養管理が大事なことはもちろんだけど、それ以上に大切なのが、幼少期の食事。そこが身体の強さのベースとなる」との言葉を聞いたそうです。一食一食の積み重ねが、私たちのあしたの生命を紡ぎ、無限の可能性や未来を育むのでしょう。

講習会では、サポーターの方と一緒に考案した「サンガ丼」（レシピはP54に掲載）も紹介しました。

9月27日　アロマで心身リフレッシュ

スポーツ選手にとって日々の食事管理や体のケアは根幹をなすものです。夫が選手生活駆け出しの頃に負った度重なる大ケガを機に、食事がいかに大切かということを痛感。ケガはしないに越したことはありませんが、振り返ってみると、早いタイミングで医食同源の重みに気づけたからこそ、35歳になるこの年まで現役を続けられ、学び得たことを切実に訴えられるのではないかと思います。

体のメンテナンス方法は千差万別ですが、我が家の場合、２００５年頃から継続して植物の花や葉などから抽出した天然の芳香物質を用いるスポーツアロママッサージを行っています。夫は比較的、ラベンダーやジャスミンなど花の香りと相性が良く、その日の体調に合わせて私が精油をブ

レンドし、マッサージしています。手のぬくもりや心地よい香りに、夫はいつの間にか夢の中へ。

相乗効果を期待し、ベランダで栽培しているローズマリーやタイムなどのハーブを取り入れた料理やお茶で、さらに心身をリフレッシュさせています。

秋暁の目覚め。床に就くまで、身をねじり絞るようにサッカー一色。寸暇を惜しんで「命」をささげるその姿は純真無垢《むく》です。

10月25日　若者の吸収力に感動

教育現場にしばしば足を運んだ10月。「アス飯」がきっかけとなり、京都外大西高、京都外国語大の2校とご縁が出来ました。京都外大西高では、五つの運動部と生徒会役員の皆さんに対し、顧問の先生方と協力して体づくりの基礎や試合前後の食事法の伝授と、調理実習をさせていただきました。京都外国語大では、以前から繋《つな》がりのあった同大講師ケイト・メイヤさんの三つの講義に講師として出席。学習におけるモチベーションや集中力を向上させる食事、不摂生になりがちなひとり暮らしの大学生向けにお手軽料理をお伝えしました。皆さん真剣に聞いてくださり、これがきっかけで料理上手な男子学生さんが、「アス飯」のレシピ作成にも協力してくれました。（レシピはＰ１３６に掲載）
これから羽ばたこうとする快活な若い息吹に触れていると、吸収力の早さにひと際《きわ》感動を憶《おぼ》えます。積み重ねるといつしか荷物が多くなりがちですが、若者のようにいつも「余白」を持ち合わせていたいと思う今日この頃です。

11月22日　サンガ昇格　祈り込めて

鼻先がみるみる冷たくなっていく藤色の夜明け。真っ白な朝の月を見上げながら近づく決戦の日へ士気を高めています。

今から3年前、京都サンガがJ1昇格をかけたプレーオフの決勝戦。泣きじゃくる後輩の奥さん方を抱きしめることしかできなかったあの日。そんな瞬間も、いつか美しく思える時がやって来る。同じ舞台で再びチャレンジさせていただけることに心から感謝します。

「選手は全員、絶対にＪ１に昇格したいという気持ちが強烈。あのピッチに立てば嫌でもテンションが上がってしまう。だけど、一発勝負で大切なことはいかに自分たちの持っている全てを出し切れるか。平常心で挑みたい」。自身の経験を踏まえ、リーグ戦3位で追われる立場だった前回とは違い、追う立場の5位でプレーオフを迎えることをポジティブにとらえながら力強く話してくれた夫。サッカーを始めた5歳から、一つのことに命を捧げ続ける姿。本気の志だから人の心を揺さぶることができ、限界を何度も超えられるのでしょう。

　ここ「京都」の地をＪ１の景色に塗り替えて欲しい。毎日の食事は、生き生きと飛び回るための大きな羽になる。最後まで祈りを込めて料理をしていきます。

12月6日　愛する京都に感謝込めて

　厳しい寒さでも決して散ることのない常緑樹。永遠不滅を象徴する神聖な松の姿が際立つ季節がやって来ました。吉祥を運ぶ常盤色から生命力を分けていただいています。

　夫が京都サンガに加入してはや4年。Ｊ１昇格をかけたプレーオフも2度経験しましたが、この度《たび》契約満了となりました。未《いま》だ先行きの決まらない日々を心穏やかに過ごせているのは、積み重ねがあるゆえ、いつでも起死回生をはかれると信じているからです。15年以上も激動の選手生活に寄り添い学びました。たとえ「今がどん底」と思うことがあったとしても、腐らず、前を向いて行動し続ければ、どんな経験も必ず糧になることを。

　「アス飯」を通して食の大切さを訴えることができるのも、大ケガで苦しむ夫を何とかして助けたいと必死でもがいたからです。全てに意味があり、未来につながっています。もちろん努力が全て報われるわけではないかもしれない。しかし、生き方、想《おも》い、足跡は、時代を越えても人から人へと伝えられ永久に生き続けます。北海道出身の私たち夫婦を、ここまでどっぷりと浸《つ》からせてくれた、愛して止まない京都の、人や街、歴史、文化。節目として、ここに感謝の言葉を伝えさせてください。

２０１７年

1月24日　氷が解けると、春が来る

「氷が解けると、春が来る」。京都サンガとの契約が満了となり、滞っていた夫の運命が動いたのは、今月8日のこと。アビスパ福岡との契約が決まり、翌日の始動に間に合うよう出発するため、かきこみながら食べた昼食時。あまりに急な移籍決定だったことを象徴するように「俺ってもうこの家には戻ってこられないんだよね？」。これが、夫が京都に残した最後の言葉でした。

京都から身一つで、福岡まで9時間の道のりを車で向かうドタバタ劇。今は若手選手と同じ博多湾沿いの寮に入り、同じ釜の飯を食べ、新たなメンバーとサッカー漬けの日々を過ごしています。

振り返れば、年が明けても移籍先が見つからず、毎朝、体重計のスイッチを入れるたびに飛び込んで来るデジタルの日付表示は、18年間頑丈に鍛え上げたはずの肉体と精神をいとも簡単に蝕《むしば》んでいきました。迫り来る不安をかき消すように、毎日、自主練習を続けながら、志半ばで選手としてピリオドを打たなければならない、といった窮地に立たされて初めて「自分の持っている全てを残したい。若い世代に伝えていきたい」という想いが、心の底から湧き上がってきたのだそう。

再び吹き込んでいただいたプロ選手としての命。夫を救えるのはただ一つ。「サッカー」だけなのかもしれません。

2月28日　京を離れ　運命切り開く

城南宮の移りゆく枝垂《しだ》れ梅と落ち椿《つばき》。今頃、薄紅色や紅白の装いが多くの人々に春の訪れを告げていることでしょう。北海道十勝で生まれ育ち、コンサドーレ札幌に在籍していた夫と出逢ったのは23歳の時。結婚を機に浦和、横浜、川崎と移籍を重ね、2月の満月の日、4年間お世話になった京都を発ちました。

夫の移籍に伴い、現在は、練習場まで車で10分足らずの福岡市内に住まいを移しています。毎日、窓を開けると初々しい潮風が吹き込みます。目の前には穏やかな青い海。神秘的な潮の満ち引きを眺めていると、つい時間を忘れそうになりますが、現実は、朝、昼、晩の食事作りに、開梱《かいこん》作業や新居手続きも進める慌ただしい日々。

楽しみにしていた博多もつ鍋や焼き鳥、豚骨ラーメンなどにありつけないまま、２０１７年のＪリーグが開幕しました。

アビスパ福岡には夫の元チームメートも在籍し、中でも坂田大輔選手ファミリーとは7年ぶりとなるスタジアムでの再会となりました。40歳を迎える節目の年に、故郷から遠く離れたこの地に辿《たど》り着いたのも必ず意味のあること。京都の皆さんの「行ってらっしゃい」という余韻ある温かい言葉を胸に、再び運命を切り開いていきます。

3月14日　新天地でも限界つくらず

努力は決して裏切らない。J2リーグ第3節。アビスパ福岡に移籍後、早々に行われた古巣京都サンガ戦。「無我夢中でゴール前に侵入したら体が勝手に反応した」と話すように、前半3分、夫のファーストタッチは弧を描きながらゴール右上隅に吸い込まれ、２０００年のコンサドーレ札幌デビュー戦から数えてＪリーグ歴代2位の18年連続得点となりました。

夫には、これまで所属してきた全てのチームのＤＮＡが根強く刻まれ、培われた経験は確固たる土台となって、未来を創り出しています。縁あって京都で4年間プレーさせていただきましたが、不器用ながらもプロフットボーラーとして「自分に限界をつくらない」という同じ信念を持ち続け、コツコツ地道に努力を重ねてきました。それは、新天地の福岡でも何ら変わることはありません。

これまで出逢ったたくさんの人の思いを感じ、それぞれの地で学び得たものを最大限に生かしながら、プレーで示していくことが、何よりの感謝の表現。「京都の方に、幾つになっても、どこへ行っても、山瀬はやっぱり山瀬だと言われたい」。笑顔を見せる夫の瞳はまるで、ボールを蹴り始めたばかりの頃の少年のようでした。

このコラムは、２０１４年４月から２０１７年３月まで京都新聞朝刊に連載された記事から抜粋し、加筆修正したものです。

連載こぼれ話

アス飯の担当デスクとしてこぼれ話を。「私にはできません」「デスクが書けばいいじゃないですか」。山瀬理恵子さんはコラムの題材に困ると、よくこんな「弱音」を口にされることがありました。当初は「連載に穴があくかも」と、冷や汗をかいたのですが、それは理恵子さん独特の「枕ことば」に過ぎませんでした。毎回、新聞記者には書くことができない情緒あふれる原稿を、さらっと送ってこられるのです。締め切りはいつも過ぎていましたが。

毎週月曜日に紙面編集し、火曜日の朝刊に掲載されると、理恵子さんとの間で翌週に向けた「ネタ出し」が始まります。電話で「この前こんなことがありまして」と切り出す彼女のトークは面白く、そのまま文字に起こせば秀逸な小話のできあがり。私の仕事は「今話した内容を書いてください」と背中を押すことだけでした。同様に、栄養素からつなぐ手法で、発想力豊かな素晴らしいレシピが届けられるのでした。

3年間、真っ先に理恵子さんの頭の中をのぞけたのは幸せでした。ありがとうございました。字数を整える前の元原稿には、紙面化された内容の数倍の熱量がこもっていたことも記しておきたいと思います。連載を支持してくださった読者の皆様にも感謝申し上げます。

岡本壮（「アス飯」連載担当時は運動部デスク、現在は滋賀本社編集部次長）

あとがき

「アス飯」は、携わったすべての皆さんに創り上げていただいた1つの作品です。私が、京都中の方に「力を貸していただけないでしょうか？」とお願いして回ったのは、無限の可能性を持つ、この素晴らしいコンテンツに対し、自身の力があまりにも弱いと感じたからです。人間、1人の力には限界があります。しかし、人と人が互いに手を取り合えば、パワーは何百倍にも膨れ上がります。未来の子どもたちのためにとご賛同くださった京都サンガサポーターの皆さん、飲食店の大将や、タクシーのドライバーさん、アナウンサーの親友、お茶の先生、高校の先生、学生さん、さらには、京都新聞写真部長（前運動部長）まで、レシピの開発のみならず、京都新聞ホームページの動画出演にもご協力いただきました。その結果、子どもたちから、お母さんやお父さん、おじいちゃんやおばあちゃんにまで広がる大きな輪となりました。栄養をつなぐようにして、人から人へご縁がつながれ、今も笑顔が連鎖し続けているのは、たくさんの方が無償の愛を注いでくださったおかげです。

「アス飯」は、私の人生そのもので、生涯の宝物となりました。紙面、動画ともに熱烈な応援をしてくださった読者の皆様、そして、創り上げる料理を試食、アドバイスし、私の最大の味方でありながら、すべての人の「原動力」にもなってくれた夫の山瀬功治に、心からの感謝を申し上げます。

山瀬理恵子

おわりに

飯を作る。それは愛である。「アス飯」に携わり、この本の著者、山瀬理恵子さんの姿に教えてもらったことです。この本のベースになっている「アス飯」は２０１４年４月から２０１７年３月までの３年間、計86回に渡って京都新聞に掲載された連載です。レシピには夫でプロサッカー選手である山瀬功治選手がかつて選手生命を脅かすようなケガをした時に復活を願って栄養学を勉強し考えてきた思いが詰まっていました。そしてコラムには一人のアスリートがアスリートたるために、どれほどまでに努力をしているのか。そしてそれを支えるとはどういうことなのか。華やかな表舞台の裏側で見せる夫婦の姿が赤裸々に綴られていました。

連載はすぐに大人気となっていきます。当初は「面白い」と読者から手紙やメールが寄せられるだけでした。そのうち、「作ってみました」と料理の画像が送られてきたり、作り置きできるレシピを考えてほしいなど要望が寄せられたり「会話」が始まりました。２年目から京都新聞のホームページで料理動画を公開すると、人気は全国へと広がっていきました。小学校や高校、大学での講義、サポーターを対象にしたチームの公式イベント、さらには故郷での講演会まで。理恵子さんを中心に人と人がつながり、その円はどんどん大きくなっていきました。

こうして私は新聞社で経験したことがない広がりを見せていく連載の輪の中にいました。料理動画でおにぎりを握ったことで、私についたあだ名が「おにぎり部長」。スタジアムはもちろん、通勤の道や近所のお店で「あっ、おにぎり」と言われた時は少し恥ずかしかったです。

結局、夫妻が京都で過ごした4年間のうち3年間に関われたことになります。忘れられない光景があります。２０１６年のシーズン終了後、夜に理恵子さんから連絡がありました。「京都サンガとの契約が満了になりました」と。実はタイミング悪く、その翌朝は動画の収録でした。それもシーズンオフということで前からお願いしていた夫婦揃っての出演。早朝に「昨夜は泣き疲れました。目が腫れているので目薬持ってきてくださいね」と理恵子さん流のジョークで流しました。収録中、二人はいつもと変わらぬ姿でカメラに収まってくれました。そして、収録が終わると「クビかぁ…。また引っ越しだね」と落ち込みながらもトレーニングに向かう夫を妻は笑い飛ばして送り出しました。「これまでこんな経験、何度もありましたから」と、理恵子さんがわざと気丈に振る舞っている姿に、私の方が涙をこらえきれなくなりました。

サッカーが人生の全てと語る夫。ストイックなまでに体をいじめ、その土台となる体づくりのために食事を大切にする。妻は夫がグラウンドに立つ姿を1分でも1秒でも長く見続けたいと体のことを考えて料理を作る。サッカー選手として守り続けているプライド、それは二人三脚の人間ドラマでした。それを私は一番近くで見られたのかも、と自負しています。

出版にあたってアス飯に関わってくださった全ての人に感謝を伝えさせてください。そんな中、きっと奥さんの作るメニューの試作品を数多く食べたであろう山瀬選手に一番の感謝を送ります。

京都新聞社編集局写真部部長　塚本宏

料理・写真

山瀬理恵子《やませ・りえこ》

北海道出身。小学校教諭を経て、2003年、山瀬功治（サッカー選手・元日本代表）と結婚。夫の山瀬選手の左膝靭帯断裂を機に栄養学を学ぶ。栄養講座や講演会、大学講義、調理実習の講師など、幅広く活躍。食育インストラクター、野菜ソムリエ、スポーツアロマトレーナー、薬膳スパイスアドバイザー、ハーバルセラピスト、フードコーディネーター、アスリートフードマイスター3級などの資格を持つ。福岡市在住。

企画	塚本 宏・岡本 壮・国貞 仁志（京都新聞社）
動画編集	龍 太郎（京都新聞社）
編集・構成	山形 恭子（オフィスK）
装丁・デザイン	佐野 佳菜（いろいろデザイン）
DTP	今岡 弓子（京都新聞印刷）
撮影協力	京都料理学校
取材協力	京都外国語大学、京都外大西高等学校、京都グルメタクシー、松尾翠、 酒房わかば（京都府京都市伏見区観音寺町 桃山御陵駅のガード下） 自然食つむぎ（京都府京都市伏見区深草柴田屋敷町23-86） おこぶ北清（京都府京都市伏見区南新地） 油小路おおみ（京都府京都市中京区薬屋町605-2） 椿堂茶舗（京都府京都市伏見区深草北新町635）
特別協力	京都サンガF.C.、京都サンガサポーター

みんなのスポーツライフを応援

アス飯レシピ ~アスリートの体をつくる、おうちごはん~

発行日　2017年8月9日　初版発行
　　　　　　10月31日　二刷発行
　　　　2022年4月9日　三刷発行

著　者　山瀬理恵子

発行者　前畑　知之

発行所　京都新聞出版センター
〒604-8578　京都市中京区烏丸通夷川上ル
TEL 075-241-6192　FAX 075-222-1956　http://kyoto-pd.co.jp/

印刷・製本　株式会社京都新聞印刷

©2017 Rieko Yamase　printed in Japan

ISBN978-4-7638-0695-6　C0077

＊定価は、カバーに表示してあります。
＊許可なく転載、複写、複製することを禁じます。
＊乱丁、落丁の場合は、お取り替えいたします。
＊本書のコピー、スキャン、デジタル化等の無断複製は著作権法上での例外を除き禁じられています。本書を代行業者等の第三者に依頼してスキャンやデジタル化することは、たとえ個人や家庭内での利用であっても著作権法上認められておりません。

本書は2014年4月～2017年3月に京都新聞朝刊に掲載した連載「山瀬理恵子のアス飯」に加筆修正をしたものです。